人は
人に尽くして
幸せになる

小早川 剛太郎
Kobayakawa Goutaro

目次

はじめに

人は、生まれた瞬間から、死というゴールに向かって歩き続ける旅人のような存在かも知れません。しかし、そのゴールに至る過程で、人には与えられたなすべき使命というものがあると思います。

その使命というのは利他愛に生きることにより、人を幸せに導き、自分自身も人間的に向上することです。

利他愛は、光の三原色のように単純です。

光の三原色は、赤、緑、青を指します。それぞれ異なった色ですが、光の場合、この3つの色を使うと、ほぼすべての色を表わすことができます。また光と闇、陽性と陰性……というように、私たちの世界を構成しているものは、単純な形に置き換えられます。

これは、私たちがよく使う、「愛」という言葉についてもあてはまります。

愛は、「利他愛」と「利己愛」という単純な形に分けられます。しかし、その内容は、全く異なるものです。この二つの愛の意味を突きつめていくと、根本のところで両者には１８０度の違いがあることが分かります。

本書の根底を流れている考えは、利他愛に向けての想いと実践です。利他愛を実践することで、私たちは生きることそして、死ぬことへの心がまえを持つことができます。なぜでしょうか。このことを本書の中で考察していきたいと思います。人は誰でも必ず死にます。この世に生まれてきた私たちは、生きてそして必ず死を迎えます。運よく死なない人など一人もいません。生きることが大切なことであるのと同じように、死ぬということも大切な人生の過程だと思います。

私はこの本の中で、生きるということの考察と、そして、死ぬということ、さらに死後の世界についての考察を、利他愛を根底に据えながら試みていきたいと思います。

２０１３年1月14日

序章　この先、生きて

四十代この先生きて何がある風に群れ咲くコスモスの花

道浦母都子

この短歌を偶然に目にしたとき、何とも言えぬ寂しい気持ちになりました。四十代のところは、二十代、三十代でも、五十代でも、何十代でも同じでしょう。何かに夢中になっているときには、こうした感情は起こってこないでしょうが、ふと冷静な気持ちになったときや、自分のしていることが実らない徒労に終わったときなどにおそわれる感情です。

この作者は、別の書物では、「四十代、今の私がいちばん好き」というタイトルをつけておられます。このときは、何かに夢中になれるものがあったのかも知れません。

ひとは、たくさんの「支え」によって生かされている存在と言えます。

配偶者、子ども、父母、友人等だけでなく、目的を同じくする集団、仕事仲間、サークル仲間等、いつも共に行動したり、支え合うことの中に夢中に近づける感情を見つけそれが生きてゆくはりになるのでしょう。

その「支え」は、信念や、宗教上の教えかも知れません。○○主義者の支えは、○○主義に生きる信念を貫くことでしょう。プライドの高いひとは、自分のプライドを維持してくれることが支えでしょう。また、親の支えは子どもの成長かも知れません。退職した老夫婦の支えは、孫との触れ合いかも知れません。

このように、私たちは、「支え」の中で生きている存在と言えます。

ただ、この「支え」はもしかすると、人生の本当に大切なものを覆い隠してしまうベールになっているのかも知れません。

それでは、人生の大切なものとは何でしょうか。それは、自分がなぜいまここに存在し、生きているのかという問いかけです。さらに、この人生の後に何があるのかという問いかけです。

この問いかけがなされなかったり、中途半端ですと、ただ生きて、ただ死んでゆく人生で終わってしまいます。

「支え」は、生きる上での大変さを和らげてくれますが、人生の本質を教えてはくれません。人生の本質を知るには、自分自身で問いかけることが必要です。人生の本質を問いかける上で大切なことは、ひとは死んでも生き続ける存在であるということです。

ひとは、死んで終わりにはなりません。死んでも生き続けます。それゆえ、この問いかけは大切なものとなります。

そして、この問いかけをすることで、人生観や価値観などというものもつくられていくのだと思います。また、この人生観や価値観がつくられることにより、「四十代この先生きて」の「この先」が明確になってくるでしょう。

☆道浦母都子（みちうらもとこ）歌人　１９４７年和歌山市生まれ。71年、早稲田大学在学中に歌誌「未来」に入会、近藤芳美に師事。歌集に『無援の抒情』（現代歌人協会賞受賞、岩波現代文庫）、『風の婚』『花やすらい』など。

第Ⅰ章　ひとの誕生

1 ひとは「環境」、「種」という制約をともなって生まれてくる

聖書に、次のようなイエスの言葉があります。

「種《たね》を蒔《ま》く人が種蒔きに出かけた。蒔いているとき、道ばたに落ちた種があった。すると鳥が来て食べてしまった。

また、別の種が土の薄い岩地に落ちた。土が深くなかったので、すぐに芽を出した。しかし、日が上ると、焼けて、根がないために枯れてしまった。

また、別の種はいばらの中に落ちたが、いばらが伸びて、ふさいでしまった。

別の種は良い地に落ちて、あるものは百倍、あるものは六十倍、あるものは三十倍の実を結んだ」

この言葉の意味をイエスは、「御国のことばを聞いても悟らないと、悪い者が来て、その人の心に蒔かれたものを奪って行きます。道ばたに蒔かれるとは、このような人のことです。

また岩地に蒔かれるとは、みことばを聞くと、すぐに喜んで受け入れる人のことです。

しかし、自分のうちに根がないため、しばらくの間そうするだけで、みことばのために困難や迫害が起こると、すぐにつまずいてしまいます。

また、いばらの中に蒔かれるとは、みことばを聞くが、この世の心づかいと富の惑わしとがみことばをふさぐため、実を結ばない人のことです。

ところが、良い地に蒔かれるとは、みことばを聞いてそれを悟る人のことで、その人はほんとうに実を結び、あるものは百倍、あるものは六十倍、あるものは三十倍の実を結びます」（マタイによる福音書13章）と述べています。

イエスの言いたかったことは、みことばを聞いて悟り、それを自分の心の中に定着させ、この世の物質的な誘惑を斥けて、みことばにしたがって生きることが大切だということを伝えたかったのでしょう。

イエスはみことばを種にたとえ、それを人々がどのように受け入れるかということを、落ちた場所にたとえました。

しかし、ここではこの言葉を、「環境」と「ひと」という視点に置き換えて考えてみたいと思います。落ちた場所は、環境を指し、種はひとを指します。

この世に生まれて来た私たちは、無限の可能性を持っていたかも知れません。しかし、戦争の時代に生まれて、ある日爆撃を受けて死んでしまう命であったかも知れません。

それは道ばたに落ちて、鳥に食べられる種と同じようなものと言えるでしょう。

また貧しい境遇に生まれ育った為に、自分が学びたかった学問を修めることが出来ず、両親や家族を養うために働きずくめで一生を終えた命であったかも知れません。それは土の薄い岩地に落ちた種にたとえられるでしょう。

また身分制度の厳格な封建時代に、最下層の身分の中で生まれてきたがゆえに、望む仕事にも就けず一生差別を受けながら生きる命もあります。これは、いばらの中に落ちて、いばらにふさがれてしまった種にたとえられるかも知れません。

このように、ひとは時代的、場所的、社会的、経済的環境などが複雑に交錯する中で、一期一会の人生を生きなければなりません。落ちた場所という環境によってひとの生き方、考え方は大きな制約を受けます。

しかし、ひとの生き方に制約を与えるものは、環境だけではありません。

実は種もそうなのです。私たちは生まれてくる時はみな裸で生まれてきますが、成長するにしたがって顔も、知能も、それぞれの特性がみな違っていることに気がつきます。身体も健常者だけでなく、障害者の方もおられます。

つまり私たちは、既に誕生のときにそれぞれが異なった「種」として生まれてくるのです。きちんとした形の種もあれば、いびつな形の種もあるかも知れません。また外見の違いだけでなく、元々弱い性質の種があるかも知れませんし、強い性質のものもあるかも知れません。

「為せば成る」ということわざがありますが、これはその個人にできる最大範囲のワクが設定されていて、その中でのことなら、やろうと思って一生懸命やればできるという意味です。これは誰もが、この前提を踏まえつつ使っている言葉ですが、ひとの種は異なるということも前提にふくまれているはずです。

このように私たちは、生まれてくるときにも、また生まれてからの環境によってもそれぞれ大きな影響を受けながら、一度きりの命を生きていかなければなりません。

さまざまな種があり、いろいろな環境があります。おそらくひとの数だけの種類があるのだと思います。そうすると、ひとと比較するということがいかに意味のないことかと思われないでしょうか。

種は、先天的という言葉にも置き換えられるでしょう。

例えば、筋ジストロフィー、デュシュンヌ型という病気があります。この病気は2、3歳頃から現れ、身体の筋肉の一番使うところからだんだん委縮し、小学校3、4年生の間に例外なく歩けなくなるそうです。以後は車いすの生活となり、17、18歳の頃にはほとんど寝たきりの状態になり、20歳くらいまでしか生きられない非常に厳しい病気です。これは先天的な病気と言えるでしょう。この他にもたくさんの先天的な病気があります。

このように、ひとは環境という制約だけでなく、生まれてくる時の「種」自体にも異なったものを与えられて生まれてきます。私たちは、こうした現実を受けとめ、そして生きていかなければなりません。

2　100%の中の1%弱の存在

生きるという現実はいつも厳しさをともなっています。

現在、世界人口は70億を超えています。そのうち、日本の人口は、2012年では1億2747万人で、そしてこの年の年間の死亡者数は124万人、出生者数は

１０３万3千人です。

この数字を、明確にイメージするのは難しいことでしょう。ただイメージをする努力は大切なことだと思います。またこの数字に加えて身体の障害という重荷を背負いながら生きているたくさんの方々もおられます。

おそらく大きな戦争や、未曾有《みぞう》の災害のようなことがない限り、多数である本流は、健康で程々に満ち足りた生活を送っておられる人々なのでしょう。それゆえ少数の支流である、さまざまな苦難の中で生きている人々のことや、亡くなっていく１％弱の人々のことはあまり問題にされないのでしょう。

本流である多数の人々も必ず死ぬのですが、そのときはもう新しい99％の人々が存在しているので、顧みられることもなくこの世を離れていくのです。

いま元気な私たちが、少数である支流の苦難の中にいる方々や、亡くなっていく方々に目を向けないということは、今度は私たちが同じ立場になることを自覚する必要があると思います。

3　イマジネーションを持つことの大切さ

ひとは、それが自分や自分の身内に直接関係あることですと、真剣になります。しかし、それが他人のこととなると極端に鈍感になってしまいます。

毎年亡くなっていくひとが、日本の人口の1％弱だと、死というものに目を向けることは難しいことかも知れません。もし毎年の死亡率が25％つまり人口の4人に1人が死ぬのであれば、いやでも死という現実に目を向けることでしょう。そして、生きるということ、死後の世界のことにも、もっと目を向けるようになることでしょう。しかし現代の社会は、数、その中でも多数ということに重きが置かれます。つまり多数であれば、政府もメディアもその問題を採りあげますが、少数となるとよけてしまいます。これは民主主義の負の部分かも知れません。そこで1％弱の死の問題はあまり目が向けられないということになってしまうのでしょう。

重い障害を背負った方々も同じように社会の少数にとどまります。そこでどうしても人々の関心から遠ざけられてしまうのでしょう。

しかし、私は死や、少数の重い障害を背負ったひとに照準を当てた社会こそが、生きるということを本当に大切にする社会になるのだと思います。

１％弱の存在に目を向けられるにはどうしたらよいのでしょうか。

すべてのことを、体験によって知ることができればよいのですが、人間の活動領域には限りがあります。そうすると、二つのことが１％弱の存在に目を向けられる要因になると思います。

ひとつは、いま自分の生きている社会では、どのようなことが問題になっているのかということに目を向ける意欲です。新聞やテレビでもほんの少しですが採りあげてくれる場合があります。そのような機会があった時、そのことを忘れないで生きてゆくことが大切だと思います。

また、もうひとつはイマジネーションつまり想像力を働かせることです。

私は子どもの頃に、豊臣秀吉がまだ木下藤吉郎という名で、小者と呼ばれる雑用係りをしている時の冬の寒い日に、信長の草履を自分の懐に入れ温めていたという話を伝記か何かの本で読んだことがあります。この話の真偽はともかくとして、なぜ藤吉郎は、信長の草履を温めていたのでしょうか。それは、寒い日だったので信長に温かな草履を履いてもらおうという気持ちからでしょう。彼にそれをさせたのは、寒い思いをさせないようにというイマジネーションがあったからです。

イマジネーションはこのような未来のことだけではありません。過去の出来事に対しても、現在のことに対しても、私たちが、体験しえない事すべてに及びます。私は、戦争を体験したことがありませんが、過去の戦争と犠牲者のこと、戦争が引き起こす悲惨な状況をどれだけ現実体験として受け入れられるかは、それを体験された方の証言や、視覚的な資料に触れながら、どれだけイマジネーションを働かせられるかの問題になってくると思います。

第Ⅱ章　生きるという旅の中で

1　人間の存在の脆さ
―パスカルの問いかけたこと

「人間は必ず死ぬのに、死後の世界に目を向けないで生きている人が多いのはどうしてなのでしょうか」

ある青年から、このような質問を受け、答えました。

そうですよね。本当にそう思います。ただ、これは物質主義という現代社会の風潮が関係していると思います。現代社会は、目に見えるものを中心に動いています。人々が決定する価値基準も、「結果がすべて」ということが第一で、その過程でどれだけ努力したかということは評価されません、例えば、あるスポーツ競技で優勝したというように、結果を出した人の苦闘の過程だけが美談として採りあげられるだけです。

死ぬということはある意味で目に見えない存在になってしまうことですから、目を向けないようにしてしまうのでしょう。おそらく目に見えるものがすべてだという考えからは、目に見えないものになることは怖い、避けたいことなのだと思います。

でも冷静に、自分たちの置かれている状況を考えたらそれではいけないと思います。少なくとも、その人にとってはその人の人生の仕上げともいう場なのですから、きちんとした総括が必要ではないでしょうか。

パスカルは、人間の置かれている状況を見事に露《あら》わにしています。

パスカルは人の存在を死刑囚になぞらえました。と言っても、人が死刑に値するような罪を犯したということではなくて、この世における人の存在そのものが死刑囚の置かれた状況と似ているという意味です。彼は、次のように述べています。

「ここに幾人かの人が鎖につながれているのを想像しよう。みな死刑を宣告されている。そのなかの何人かが毎日他の人たちの目の前で殺されていく。残った者は、自分たちの運命もその仲間たちと同じであることを悟り、悲しみと絶望とのうちに互いに顔を見合わせながら、自分の番がくるのを待っている。これが人間の状態を描いた図なのである」（断章199）

このパスカルの言葉は私たちの胸に鋭く迫ってくるのではないでしょうか。しかも、いつその時が来るのかは、不確実なままです。死より確実なものはなく、死期より不確実なものはない、とパスカルは述べています。

また人為的な理由で、その時が早められてしまう場合もあります。例えば、交通事故の犠牲になった場合や、思いがけない災難に遭った場合などです。

人の置かれている状況が死刑囚のようなものであること、このような状況を、パスカルは、「不幸な状態」と表現しました。

では私たちは、この不幸な状態の中でどのようにこの人生を生きているのでしょうか。死刑囚であることを正視し、死後の世界にも目を向け、そこからこの世の生き方を設定する賢者も多くいました。パスカルはそうした賢者の一人と言えます。

ではパスカルにとって、この不幸な状態を幸福な状態に変えるにはどうしたらよかったのでしょうか。

彼は、「この世においては来世を望むこと以外に幸福はなく、人はそれに近づくにしたがってのみ幸福であり、そしてその永遠についての完全な確信を持っている人々にとってはもはや何の不幸も存在しないのと同じに……」（断章194）と述べて、来世に大きなウエイトをおいています。

しかし、私たちの多くは、幸福の実現について、現世にウエイトをおいています。そのほとんどは、死刑囚であることを忘れること、あるいは死それ自体を考えないようにすることに重きがおかれています。

このことをまとめて、パスカルは「気を紛らすこと」というように表現しています。彼は彼の時代の最高の身分として、国王を挙げ、その国王さえ気を紛らすことがなければ幸福ではないと、次のように述べています。

「彼は、起こりうる反乱や、ついには避けえない病や死など、彼を脅かす物思いに必然的におちいるだろう。したがって、もしも彼が、いわゆる気を紛らすことなしでいるならば、彼はたちまち不幸になる。……ここから、賭事、女性たちとの話、戦争、栄職などがあんなに求められることになるのである。そういうものに実際に幸福があるというわけではなく、また真の幸福は、賭事でもうける金とか、狩りで追いかける兎を得ることにあると思っているわけでもない。そんなものは、それをやろうと言われても欲しくないだろう。人が求めるのは、われわれがわれわれの不幸な状態について考えるままにさせるような、そんなのんびりとした、おだやかなやり方ではないからである。また戦争の危険でも、職務上の苦労でもない。そうではなく、われわれの不幸な状態から、われわれの思いをそらし、気を紛らせてくれる騒ぎを求めているのである」（断章１３９）

パスカルの指摘をどのように思いますか。

私は、パスカルの指摘に同意するところが多くあります。

本流に生きる多くの人々は、人間の置かれた死刑囚としての状況や、死というものに目隠しをして、パスカルのいう「騒ぎ」に眼を向けて生きている人のように思います。

そして、その根底にあるのは、「死ねば終わりなのだから、生きているうちに楽しまなくちゃ」という発想でしょう。

楽しみを永続させるために、お金を多く手に入れることや、良い学歴や、社会のいろいろなものごとにも熱中し、大人は時間つぶしのものにくぎ付けになっていたりしています。

このことが別にわるいこととは思いません。みなこの人生を自由に生きる権利を持っていると思うからです。

しかし、このように今をただ楽しく生きればいいという考え方は、自然の摂理という点から見ると問題があります。摂理というのは、自然界を支配している理法という意味で、理法というのは、規則とか法則という意味です。

今を楽しく生きられればよいという考え方は、ともすれば、他人のことはどうでもいい、自分と家族を含め周囲の人が良ければいいという考えにつながります。また未来の人間のことは考えないという結果も招来すると思います。

自分たちが楽しく生きて、それで死んでいければよいという生き方は自然の摂理に反する生き方だと言えます。自然の摂理は、現在においても、未来においても、すべてのものが調和して存在することを命じていると思われるからです。

それでは、私たちは、この人生をどのように生きればよいのでしょうか。

人生で大切なことは、自分がなぜいまここに存在し、生きているのかという問いかけと、さらに、この人生の後に何があるのかという問いかけだと述べましたが、この問いかけは、「この世界でより良く生きる」ということと同時進行でなされることが必要です。どうしてかといいますと、人がこの世に生まれてきたことには意味があるからです。どのような意味があるのでしょうか。

☆パスカル　1623～62　フランスの数学者、物理学者、哲学者。幼少の頃から数学に天分を発揮、16歳で「円錐曲線試論」を発表し世を驚嘆させる。「パスカルの原理」を発見するなど、科学研究でも業績を上げる。主力を注いだ著作「護教論」は完成を見ることなく、残されたその準備ノートが、死後「パンセ」として出版された。

2　人が生まれてきた意味

シルバー・バーチは、人がこの地上に生まれてきた意味は、自分自身の「向上進化」だと述べています。

おそらく、宇宙にあるすべての存在は、進化に向けて生きるようにつくられているのでしょう。私たちの日常を振り返ってみると、それぞれの内容の善し悪しは別として、この進化の原理が働いています。例えば、医学や薬学は、絶えず新しい治療方法や、新薬の開発に取り組んでいます。携帯電話は信じられないくらいに機能が日々アップしています。すべての製品がとどまるところを知らないくらいに進化しています。資本主義経済の下では、進化がとまれば経済競争からの脱落につながるケースが多いでしょう。スポーツの世界でも果てがないのかと思うくらい、新しい記録に塗り替えられています。また今日の競争社会では、絶えず実力の向上が要求されており、努力しない人間は組織の中枢から外されてしまいます。

このように、多くのものが進化に向けて進んでいると言えます。

では、自分自身の向上進化はどのようにしたらなされるのでしょうか。

シルバー・バーチは、「人のために己を棄てる」行いをすることと述べています。

また、彼は人が生まれてきた意味を次のように述べています。

「人生の目的は至って単純です。霊の世界から物質の世界へ来て、再び霊の世界へ戻った時にあなたを待ち受けている仕事と楽しみを享受する資格を身につけるために、さまざまな体験を積むということです」

この意味は次のように解釈できます。

私たちが生きているいまの世界で、人のために己を棄てて生きることができれば、霊性をアップしてより進化した世界に行ける資格を持てる。そのためにはこの世界でさまざまな体験を積み、その体験から、人のために己を棄てるということを学ぶことが重要だということです。

私たちは生きてゆくなかでさまざまな体験をしますが、その体験の受けとめ方は同じではありません。

☆シルバー・バーチ　1920年代後半から50年あまりにわたって霊媒モーリス・バーバネルの口を借りて教訓を語り続けた古代霊のことで、彼は紀元前1000年頃地上で生活したという。しかしこれは仮の名で、彼は「私が地上で誰であろうと、どうでもよいことです。私が述べていることがなるほどと思われたら、それを真理として信じてください」と言ってついに身分を明かさなかった。そして1981年、霊媒であったモーリス・バーバネルの死をもってシルバー・バーチの声は聞かれなくなった。しかし、残された霊言は12巻の書物となって出版された。（チャールズ・パーマー著「母と子の心霊教室」潮文社より参考にさせて頂きました。）

3　人が体験から得ること

体験の重みという表現がありますが、体験から何を得るかということは人によって大きく異なるところがあります。

例えば、数万人の日本人が、ある国の軍隊によって残虐極まりないやり方で殺されるところを目撃した時、次にどのような対応をするでしょうか。

殺した相手に復讐する、どのようなことがあっても相手に同じ報復をするという対応をする人もいるでしょう。

また、このような悲惨なことが二度と起きないようにと問題の原因をつきとめ、話し合いの道を探りながら平和運動に向かう人もいるでしょう。内橋克人さんの場合はこの例に当たります。

１９４５年に神戸空襲がありました。このときの死者は７４９１人、重軽傷者は１万７０１４人にも及んだそうです。神戸新聞は、２００５年に戦後60年という特集を組んでいます。その中で高校生の千田理沙さんが、神戸空襲を体験された評論家の内橋克人さんに聞いているところを採りあげてみます。


八月二十日、千田さんらは、神戸空襲を経験した評論家の内橋克人さんに会った。

空襲の夜、内橋さんは盲腸で入院中だった。いつも避難する防空壕に不発の焼夷弾が突き刺さり、自分が座る場所にいた女性が亡くなった。自分の身代りの死と受け止めた。当時を振り返り、内橋さんは『死にたかった』と漏らして絶句した。千田さんも泣いた。

『日本人はみんな誰かに身代りになってもらい、戦争を生き延びた。一人として例外はいない』

この体験が内橋さんの生き方の原点になった。

内橋さんはお母さんを早くに亡くし、近所に母親代わりで献身的に世話をしてくれたおばさんがいたそうです。内橋さんが千田さんに話している、「自分の座る場所にいた女性」というのは、そのおばさんのことです。もし、空襲の日に内橋さんが盲腸で入院しなければ、防空壕のその場所には、おばさんではなく内橋さんが座っていたのです。また、内橋さんは、神戸空襲により真っ黒焦げになったたくさんの死体が川に浮いているのも目撃されています。道ばたに転がっているたくさんの酷く焼けただれた死体も見ています。

戦争とは何でしょうか。それは人の夢や温かな気持ちを踏みにじり、人を虫けらのように殺していく最も卑劣な行為でしょう。

国民感情では相手の国への憎悪が存在するか、あるいは憎悪の感情がつくりあげられるのでしょう。しかし、それが戦争という殺し合いに発展すると目をそむけずにはいられないほどの悲惨な結果をもたらします。

内橋さんは、人と人が殺し合うというおぞましい経験をもとに平和、反戦という道を選択されたのだと思います。

では、理不尽な殺戮《さつりく》によって家族や、自分の国の人間や、民族が犠牲になった時に、相手への憎しみの感情で相手に報復するという行為はどうなのでしょうか。この憎しみの感情は当然の感情ではないでしょうか。情のある人間に生じる当たり前の感情だと思います。

ただ、相手に対して報復行為を行うことを是認するかというと、これは別問題でしょう。これを繰り返していると、いつまで経っても殺し合いは終わらないからです。

私はこのような時、いつも犠牲になった死者の立場で考えてみます。つまり、犠牲になった人は、生きている私たちに何を望むかということを考えてみます。

これは通常の犯罪にも共通することです。日本では死刑制度をめぐって存置論と廃止論の対立があります。目を覆いたくなるような残忍な方法で殺された被害者の遺族の想いを推し量ると、犯人を憎む気持ちは誰にでも生じるのではないでしょうか。

自分で死ねなかった、つまり自殺できなかったので、無差別殺人を犯す例が日本でも発生していますが、私はこのような事件が起きる度にどうせ死刑にするならば、犯人が人を殺したのと同じ方法ですればいいのにと思います。それは、報復という意味ではなく、犯人は相手がどのような苦しみで死んでいったかを分かっていないと思うからです。相手にどれだけ酷い苦しみを与えて死なせたかが分かれば、改悛の情も生まれてきやすいのではないかと思います。

しかし、これは生きている者の気持ちで、犠牲になった人の立場で考えてみるという姿勢が大切なことだと思います。

人が体験から得ることは、同じ体験でもとらえ方がかなり違ってくるということは、私たちが心にとめておく必要があります。とくに戦争や殺人のような場合は、生きている者の感情よりも、犠牲になった人の気持ちを真剣に考えることが、犠牲者への思いやりになると思います。

☆内橋克人（うちはしかつと）1932年神戸市生まれ。新聞記者を経て経済評論家。高度経済成長を担った現場の開発者、技術者、技能者の姿を描いた『匠の時代』で脚光を浴びる。90年代はじめから市場原理至上主義、新自由主義的改革に対して一貫して警鐘を鳴らしてきた。第60回NHK放送文化賞、第16回イーハトーブ賞受賞。

4　体験を上手に生かすことの大切さ

私たちが体験することは実践的な学習ともいえ、物事をさまざまな角度、視点からとらえられるという意味で大切なことです。しかし、体験は一歩間違えると、傲慢さ、独善につながってしまいます。福原義春さんは、次のように言われています。

強い自我は、人を枯らす　こだわりによって狭くなる世界

人はつい、こうでなければならないという枠にとらわれる。懸命にひとつのことに打ち込んできたり、成功体験を積んでくると、その思いはいっそう強くなるようです。それは一見すると正しい信念のようにも思えますが、本当にそうでしょうか。別の見方をすれば、こだわりを持つ人は、他の新しいやわらかい考え方を受け入れないということでもある。すると新鮮な知識や情報という栄養が入ってこなくなって、結局立ち枯れていくのです。花や木と同じように、私たちは今日の栄養を得るために地下に根を広げなければならない。強すぎる自我にとらわれるのは、草や木の根が切れた状態なのです。……物事を判断する物差しが、ただ1本だけになり、それ以外の価値観を受け付けなくなります。人として、仕事人として、これは心して避けなければなりません。世の中には自分が知らないことの方が圧倒的に多いのですから。たとえば仕事の経験の中で非常に成功した方法論があるとしても、それはその時の、時代の流れや状況でうまくいったのではないかと冷静に考えてみてください。今日はまた新たに、人の意見を聞き、時代

の流れに耳を澄まさなければならない。本質を見据えなければならない。我執、自我は最も離れがたく手ごわい。そこから自由になれば人間は変わっていきます。

この指摘は多くの方が頷かれるのではないかと思います。信念を貫くことは尊いことです。しかし、これは自分一人のフィールドにおいてあてはまることです。他者が入ってきますと、信念を貫くことは時に争いの原因になります。私は人生というのは、自己と他者の間にある、細い一本の綱の上を歩いていくようなものではないかと思います。そこを歩いていくには、かなりの緊張感が必要とされます。しかし、その緊張感が人としての品格を維持していくのだと思います。

また、体験を上手に生かす前提として、良い体験をするということも必要です。良い体験は、私たちを人間的に向上させてくれる大きな契機になります。では良い体験とはどのような体験でしょうか。

それは、自分の心を豊かにさせてくれる体験です。つらい体験も、苦しい体験も自分の心を豊かにしてくれる場合があります。

また反対に、自分の心を貧しく、時に押しつぶしてしまうものもあります。このような意味で、自分の心を豊かにさせてくれる体験であるか否かを判断することが必要です。

心を豊かにさせてくれる体験であるならば、歯をくいしばってそこにとどまるべきです。しかし、心が押しつぶされてしまうようなら、そこを離れるべきだと思います。

いじめで自殺する子どもたちの記事を目にするたびに胸が痛みますが、カウンセラーなどに原因を分析してもらいながら、うまい解決方法が見つけられないときは、その場を離れるのが一番良い方法だと思います。間違っても本人に我慢を強いるという方法はやめるべきです。本人は、もう既に我慢をしてきているからです。

それにしても、なぜ人に対する思いやりや、弱い者をいたわるという気持ちが育たないのでしょうか。

私は、この原因は、いまが楽しければよいという価値観が大きく影響していると思います。自分がなぜ、この宇宙空間の中の地球という星に生まれてきたのか、そして人のこの世における不安定さに思いを巡らせるならば、他者に対する思いやりが生まれてくるように思います。

人が人を傷つけたり、殺したりする原因は、もうひとつあります。それは信念です。

☆福原義春（ふくはら・よしはる）1931年、東京生まれ。資生堂の創業者、福原有信の孫。53年慶應義塾大学卒業後、資生堂に入社。商品開発、企画、国際などの部門を経て87年、第10代社長に就任。経営改革、社内の意識改革に着手する。化粧品事業100年の節目にあたる97年より会長、2001年より名誉会長を務める。文化や社会への貢献に力を注ぎ、「日仏文化サミット」を始め多くの文化事業の支援活動に従事。主な著書に『生きることは学ぶこと』『部下がついてくる人』『会社人間、社会に生きる』他多数。

5　信念の素晴らしさと怖さ

信念というのは、正しいと信じる自分の考えを言います。信念を通す、信念に従って生きる、などというように使われますが、問題は信念の中身です。

日露戦争の開戦にあたって、内村鑑三は戦争に絶対反対の立場をとっていました。

余は日露戦非開戦論者である許《ばか》りでない。戦争絶対的反対論者である。戦争は人を殺すことである、爾《しこ》うして人を殺すことは大罪悪である。爾うして大罪悪を犯して個人も永久に利益を収め得よう筈はない。「萬朝報」（明治36年6月30日）より

日清戦争のときは、このような態度をとっていませんでしたが、戦争がもたらす悲惨さと非生産性を知った彼は、非戦論者となったのでしょう。内村鑑三にとっては、人間の命というものが信念の中身であったと言えます。内村鑑三はクリスチャンでしたが、最も忠実なクリスチャンであったと言えます。なぜならば、イエスが人間に命じたことは、自分の名の為に、他の宗教の人を迫害したり、殺すことではなかったからです。イエスが命じたことは、「自分を愛するように他者を愛する」ことでした。

しかし、世界を見ますと、宗教の名の下に平然と殺し合いが行われています。自分の信じる宗教の為ならば、人を殺すことも悪いことではないと、信じている人がいます。

自分の信じる宗教が絶対正しいという信念を持ってしまい、それが少し道を外れるとそのような解釈も出てきてしまうのでしょう。

☆内村鑑三（1861～1930）日本の代表的なキリスト者・思想家。16歳の時、札幌農学校に入学し、そこでキリスト教と出会った。23歳の時渡米し、苦学して神学を学んだ。彼が、プロテスタントの国アメリカで見たものは、拝金主義と物質文明に毒された社会であり、清潔でまじめな道徳的精神の生きている日本こそ、真のキリスト教が根づく国であるとの確信に達し、二つのJ（イエスと日本）に生涯をささげる決意をした。帰国後は、この信念のもとで一貫して行動した。1891（明治24）年の不敬事件、1901（明治34）年の足尾銅山鉱毒事件における財閥攻撃、1903（明治36年）の日露開戦にあたっての非戦論、その後の無教会主義の伝道など、誠実で正しい日本人と日本のあり方を生涯求めた。（「倫理用語集」141頁）

また、お互いがそれぞれ正しいと思っている信念どうしがぶつかった場合の問題があります。「私の人生訓は、自己が正しいと信ずる道を貫いて歩き通すこと」、と言う方がおられますが、自分のことだけでしたらまったく問題はないのですが、ここに相手が出てくると問題が生じます。例えば、領土問題を例に挙げてみます。

ある島の領有権をAという国と、Bという国が主張していて、どちらも、自分たちが正当と主張している場合どのように解決したらよいのでしょうか。これが、現実に自分たちの住んでいる土地であれば、自分たちの権利をきちんと主張しなければいけません。しかし、もしそれが、普段はとくに使用していない、無人に近い島であったらどうでしょうか。AもBも、「ここは絶対自分のものだ」と主張しているとき、それがエスカレートすれば、戦争になるでしょう。双方の軍がぶつかり、本土攻撃になり、たくさんの国民が犠牲になった時、それでいいのでしょうか。

ここでは、信念とか、正義という言葉をどこまで、どのように貫くべきかが大きな問題になります。難しい問題だと思います。

ただ、ひとつ言えることがあります。それは、正しいという信念を貫くということと、たくさんの国民の命を天秤にかけたら、国民の命の方が大切だということです。

国際連合が十分な機能を果たしていない今日、難しい問題と分かりつつ、それでも相手国との歴史的背景も考慮しつつ、必要なときは信頼できる国の仲介を依頼して、あくまでも話し合いで解決していく道をとるべきだと思います。

また、自分が正しいと思う信念をどこまで人に貫き通すかという問題もあります。ご主人が何かミスをして、そのミスを長い間執拗《しつよう》に非難し続ける奥さんがいました。ご主人が逃げ場を失うくらいに言い続けました。このようになると、何の為の正しい信念かということになります。

人が過ちを犯したら、非難するのは程々にして逃げ道をつくってあげること、許す気持ちも必要だと思います。

6 イエス、マホメット、釈迦は人間に何を命じたのか

イエスや、マホメットや釈迦は、自分と反対の考えの人を排斥しろと言ったのでしょ

うか。彼らは、そのようなことは一言も言っていません。
イエスは、「『心を尽くし、思いを尽くし、知力を尽くして、あなたの神である主を愛せよ』これがたいせつな第一の戒めです。『あなたの隣人をあなた自身のように愛せよ』。第二の戒めも、それと同じようにたいせつです。」（マタイによる福音書22章37～39節）、と言いました。
さらに、マタイの福音書25章には次のようなやりとりがあります。「『あなたがたは、わたしが空腹であったとき、わたしに食べる物を与え、わたしが渇いていたとき、わたしに飲ませ、わたしが旅人であったとき、わたしに宿を貸し、わたしが裸のとき、わたしに着る物を与え、わたしが病気をしたとき、わたしを見舞い、わたしが牢にいたとき、わたしをたずねてくれたからです』
すると、その正しい人たちは、答えて言います。『主よ。いつ、私たちは、あなたが空腹なのを見て、食べ物を差し上げ、渇いておられるのを見て、飲ませて上げましたか。いつ、あなたが旅をしておられるときに、泊らせてあげ、裸なのを見て、着る物を差し上げましたか。また、いつ、私たちは、あなたのご病気やあなたが牢におられるのを見て、おたずねしましたか』
すると、王は彼らに答えて言います。『まことに、あなたがたに告げます。あなたがたが、これらのわたしの兄弟たち、しかも最も小さい者たちのひとりにしたのは、わたしにしたのです』」

神を私たちは、直接見ることはできませんので、「神である主を愛せよ」というのは、結局、小さな隣人への愛の行為こそが、一番大切なことであると言っていることになります。

また、マホメットは、コーランの中で「ほんとうの敬虔とは、おまえたちが顔を東に西に向けることではない。それは、神と終末の日と天使と啓示と預言者たちを信じ、親族・孤児・貧者・旅人・乞食に、そして奴隷たちのために自分の大切な財を分け与え、礼拝の務めを守り、喜捨を行う者のことであり、また、いったん約束したならばその約束を果たす者、不幸や艱難《かんなん》にも逆境のときにも耐え忍ぶ者のことである」と述べています。

釈迦は、スッタニパータの中で「あらゆる生きとし生けるものが安楽であるように、平安であるように、心から安楽であるように、いかなる生命も生きものも、動物であろうと植物であろうとあますところなく……心から安楽であるように……あたかも母親がわが子のためとあらば命を捨ててもー人子を守護するように、生きものに対して無量無辺に広がる慈しみの心を持つように修行するがよい。」と述べています。

これら三つの教えの根底にあるものはすべて同じです。それは、利他愛つまり他者を大切にするという思想です。なぜ、他者を大切にしなければいけないのでしょうか。

それは、宇宙にあるものは、すべて連鎖をしているからです。

高橋信次さんは、次のように述べています。

「地上での生活で、Aという人が自我我欲のみで一生を終えたとします。すると、この人はまちがいなく、地獄に落ちます。これはどうしてかといいますと、人間の生命意識というものは、この世も、あの世も連続したつながりを持っており、したがって、Aという人が、地上での生活で、自我我欲のみにふければ、その意識を持ったまま、あの世で生活することになるからです。では、なぜ自我我欲は地獄なのでしょう。人間の生命意識は、宇宙の生命意識と同通しており、人間と宇宙は、個々バラバラには、存在しないからです。人間と宇宙は、ひとつであり、宇宙を離れて人間はなく、人間は宇宙の意識に通じてのみ、人間それ自身を生かし得ることができるからであります。自我我欲は、こうした、全なる宇宙の意識から離れると同時に、自ら孤立を求め、己自身の自由な心を、自分で限定するところにあります」

宇宙はひとつなんて言われても、分かりにくいかも知れません。それで、人間の身体のことを例に考えてみましょう。例えば、私たちの片腕や、指の一本がケガして使えないとき、どんなに不自由するか、想像できると思います。つまり、統一のとれていたものが、手の指や、足の指一本のケガで統一性が崩れてしまうのです。

私たちは、こうした理由で他者を大切にしなければいけないのです。

◆「コーラン」は、イスラム教の聖典で、神アッラーが預言者マホメットに啓示した教えを記したもの。
◆「スッタニパータ」は、釈迦の言葉を集録した最古の仏教聖典。

7 死後の世界を知ることで今の生き方がどのように変わるか

真人《まこと》—精神世界や霊の世界に大変関心があり、自らも幽体離脱の経験をもつ。
直子—死後の世界やこの世における人の生き方を模索している大学生。
(以降のページでは、分かりやすくする為に、適宜二人の会話を入れていきます)

○認知されていない死後の世界

直子　人は死んだらどうなるのか、このことを考えるのはおかしいことなのでしょうか。

真人　このことが一番大切なことだと僕は思うのですけれど、このような話題を出すと、ほとんどの場合、『あの人はおかしい、変わった人だ、人間なんて死んだらそれで終わりだよ』とか言われてしまうことが多いです。それでそんなことを言っている人が、誰か知人が亡くなると、『故人はいまごろ天国で思う存分に好きなことに時間を費やしているでしょう』などという言葉を平気で話していて、どうなっているのかと思いますが、これはおそらく、日本の教育や、マスメディアがこの問題を話題にのせることをタブー視していることと関係があると思います。

直子　それはどのような意味ですか。

真人　世論という言葉がありますが、世論をつくるのは、現在の情報化社会では新聞やテレビなどのマスメディアによるところが大きくて、そうするとマスメディアがこの問題をどのように扱っているかということが大きく左右することになります。いまはインターネットが普及してきて、ウェブサイト上のミニ世論というものもありますが、まだまだ影響力ではマスメディアには遠く及びません。そして、そのマスメディアが死後の世界を話題にすることを排除しているので、みな日常生活の中では話題にしないのだろうと思います。

直子　それおかしくないですか。

真人　いや、おかしくないと思います。マスメディアは根拠もなく憶測や想像で記事は書けないから、どうしても根拠がきちんとしているものだけを採りあげるしかないという限界もあると思います。

直子　そうすると根拠がしっかりしているものは採りあげてくれてもいいですよね。例えば、特集のような形で、根拠のしっかりしているものだけに絞り、死後の世界を考えさせるということをしたらどうでしょうか。

真人　確かにそうですね。現在は死後の世界を実証してくれる材料はたくさんあると思います。問題はそれをきちんと受け入れる環境があるかどうかということだと思います。

直子　そうすると、マスメディアに携わる人たちがどれだけそうしたことに関心があるかということも関係しますよね。それでは、死後の世界のことを話してもらえますか。

○死後の世界を伝えることの難しさ

真人　一番難しいことは、どうしたら死後の世界があるということを、すべての人に認めてもらえるかだと思います。例えば、直子さんのところに亡くなったおじいちゃんが出て来て、『おばあちゃんがなくした結婚指輪は、納戸のたんすの後ろ側に落ちているよ』と言われ、実際にそこに在ったとします。そのことから、周囲の人は、確かにおじいちゃんは生きていると信じると思いますか。

直子　それは難しいと思います。

真人　そうですよね。結局、どのような形ならすべての人が、死後の世界が存在することが分かるかというと、実物と同じように目に見える姿で出て来てくれて、しかもきちんと受け答えする会話もしてくれれば、すべての人が死後の世界は確かにあると認識してくれると思います。しかし、死後の世界というのは、もともとこの世とは違う次元の世界で見えない世界であるということが基本ですから、そこが難しいところなのでしょうね。

○地獄霊も予知能力や透視能力を持っている

直子　そこから、見えない世界をいいことに嘘の霊媒師がはびこってしまうのですね。

真人　そうです。嘘の霊媒師には、たいていの場合、地獄霊などの悪霊が憑いている場合が多いのです。そして、始末のわるいことにこうした悪霊も、予知能力や透視能力があります。

あまり知識のない方は、町の霊媒師と言われる人のところに行き、『あなたは、一年前に乳がんの手術をしましたね』なんて言われると、『なぜ知っているの』と気が動転してしまいます。立て続けに、『あなたの何代前の祖先の○○さんが、供養が足りないと苦しんでいますよ』なんて言われるともう終わりです。その人には、目の前の霊媒師が、本当の神様に見えてしまいます。

直子　わあー、私の知っている方で同じような体験をされた方がいます。

真人　横道にそれてしまいました。本論に戻すと、それなら、死後の世界をどうしたら人々に分かってもらえるかです。

○第三者がきちんと認知できることが必要

真人　立花隆さんは、『臨死体験』という本の中で、臨死から死後の世界を追求した結論として、次のように述べられています。

「現実体験説のいうようにその先に素晴らしい死後の世界があるというなら、もちろんそれはそれで結構な話である。しかし、脳内現象説のいうように、その先がいっさい無になり、自己が完全に消滅してしまうというのも、それはそれでさっぱりしていいなと思っている」

立花さんは、臨死者に焦点を当てて、臨死という体験から死後の世界があるかどうかを探ろうとしました。けれども、臨死体験者の方だけに焦点を当てても、明確な結論というのは難しいでしょうね。あくまでも個人の体験だからです。

直子　そうすると、どのような方法がベターなのでしょうか。

真人　僕は、1848年のフォックス家事件のような例を、たくさん積み重ねていくことが説得性を強めていく方法だと思います。

直子　どのような事件なのですか。

真人　『スピリチュアリズム入門』という本が、この事件を分かりやすく書いてくれているので、そこから紹介させてもらいますね。

米国ニューヨーク州ハイズビルに住むフォックス夫妻には、マーガレット（11歳）とケート（9歳）という二人の娘がいました。いつのころからか、夫人と二人の娘は夜になると不思議な物音がすることに気づくようになります。

やがてラップ音やノック音がしたり、家具が動いたりするようになります。

1848年3月31日の晩、前夜の騒音で家中の者が不眠になっていたため、その日は早くから床に入りました。するとまたしてもコツコツと窓を叩く音がします。初めは怖がっていましたが、こうした現象にすっかり慣れてしまった娘の一人が、パチンパチンと指を鳴らして、「お化けさん、真似をしてごらん」と言いました。すると同じ数だけ叩く音がします。娘たちは面白がって指鳴らし遊びを始めました。

そのとき夫人は、その場の誰にも答えられないような質問をしてみようと思いつきました。

そして「私の子供全員（前夫との子供も含めて）の年齢を上から順番にラップ音で答えて下さい」と言いました。すると即座に、すべての子供の年齢が正確に返ってきました。

そこで夫人は、「あなたは私の質問に正しい答えをしていますが、あなたは人間ですか」と尋ねてみました。ラップ音はしません。

次に「あなたは霊ですか、もしそうならラップ音を二回鳴らして下さい」というと、ラップ音が二回します。

夫人はさらに質問を続け、「もし傷ついた霊ならラップ音を二回鳴らして下さい」と言うと、すぐにラップ音が二回鳴り家全体が振動しました。この話を聞いて、近所は大騒ぎになりました。そこでドゥスラーという人が中心になって、アルファベットを早口で言って、霊に望みの箇所で音を鳴らしてもらおう、ということになりました。それを実際に繰り返し行った結果、とうとうひとつの通信文を手にすることになりました。それによると「音を鳴らした霊は、五年前にこの家に泊まって殺されたチャールズ・ロズマという名前の31歳の行商人で、五百ドル奪われ地下室に埋められた」というのです。それで翌日、皆で地下室を掘ることになりましたが、途中で水が出たため、いったん作業を中止しました。

そしてその翌年の夏、水の引いた時期を見計らって再び掘り始めると、本当に人間の毛髪と歯と骨が出てきました。

以上が事件のあらましですが、ニューヨーク州北部の小さな村で起きたこの出来事は、新聞・雑誌によって全米ばかりでなく海外にも伝えられ、大反響を呼び起こしました。その後、フォックス姉妹は何度も新しい家に引っ越しましたが、場所を替えても依然として、ラップ音とノック音はついて回りました。しかしそうした現象は、姉妹たちが、その場にいなくなると消えてなくなりました。

この事件が、スピリチュアリズムならびに近代心霊研究の発端と言われることになったのは、次のような理由によります。これと似たような怪奇現象はフォックス家に限らず、それ以前にもしばしば見られたことです。

しかしこの事件の重要性は、怪奇現象を引き起こしていた何者かに地上側から語りかけ、そこに見事に、通信が成立した点にあります。しかもその通信内容の信憑性が具体的な証拠によって確認されたのです。

これは、「人間は死んでも個性を持った霊魂として生き続ける」ということの論理的な証拠になります。また姉妹がいる時のみ心霊現象が起きるということは、そうした現象を引き起こす何らかの原因を姉妹が持っている、ということを示しています。その原因とは、姉妹たちが特別な体質（霊媒体質）だったということです。フォックス姉妹のような「霊媒体質者」を使用して、霊との通信や心霊現象を引き起こすことが可能になることが明らかにされたのです。

真人　このように、個人が体験したことでも、第三者がきちんと真偽を見分けることができるもののケースをたくさん積み上げていくようにするといいと思います。

直子　このフォックス家事件に異を唱えた人はいなかったのでしょうか。

真人　いました、バッファロー大学の六人の科学者が、ラップ音は姉妹たちが、関節を鳴らして行われた、と発表したのです。それで姉妹は検証のために何度も裸にされ、手足を縛られクッションの上に立たされましたが、それでもラップ音は鳴り続けていたのです。

直子　事実を伝えることでも難しいのですね。

真人　そうした意味でも、マスメディアの役割は大きいと思います。このフォックス事件でも、ニューヨークの新聞編集者ホラス・グリーリーが、フォックス姉妹に取材し数多くの体験をした後、姉妹の特殊能力について、一切のトリックはなく、信頼できるものであると述べています。

マスメディアが、正当な関心を持ち、事実を伝えていくという使命を全うすれば、もっと死後の世界のことは広められていくと思います。

○死後の世界はどのようなところか、死後の世界を知ることで何が変わるのか

直子　みんなが死後の世界の存在を知ることで、どのように変わっていくのでしょうか。

真人　そうですね。直子さんはどう思いますか。

直子　はい、ただ死後の世界があるというだけでは何も変わらないと思います。けれども、死後の世界がどのような世界であるかということが明確になると、決定的に変わってくると思います。

真人　僕もまったく同感です。それでは、死後の世界がどのような世界であるかを説明してゆくことにしますね。まず、良識を持ってあの世を扱った書物というのは夥《おびただ》しい数がありますが、どの書物を見ても、自分や家族のために他を排除して生きなさい、などと主張しているものはありません。どの教えも、イエス、マホメット、釈迦が命じたことと同じように、自分を捨てて他者のために生きること、つまり利他愛を教えています。

良識を持たず、その教えを歪曲して、「他者」の中身が「教団」に変わり、教団に尽くすことがイコール他者のために尽くすこと、というようにすり替えを行っているとこ

ろもありますが、そのようなものにだまされない勇気、違うと思ったら離れる勇気が必要です。

それはとにかく、死後の世界について語っている最大公約数は次のようなことです。

i　私たちが死んでから行く世界は、いくつもの階層に分かれている。その階層は、ピラミッドのように上から下の階層がある。

ii　その階層のどこに所属するかを決める基準は、その人が生きている時に、まごころを込めてどれだけ人に温かさや思いやりの心を示したかである。

iii　自我我欲に生きた人、憎しみや恨みや怒りの中で生きた人、人を故意に苦しめて生きた人などは、死後、低い階層の暗い世界に行く。

iv　宗教的信念で生きたとしても、他者への慈しみや、思いやりの心のない人は暗い世界に行く。何かの宗教を信じていたとか、いないとかで階層が違ってくることは絶対にない。すべては、その人がどれだけ慈しみと思いやりの心を持って生きたかによる。

このようなことが最大公約数です。

直子　何を信じていたかではなく、まごころを込めて人々のために生きたことがすべてなのですね。そうすると、死後の世界を知ることで、私はやはり死後無になってしまうことは耐えられませんが、生命が永遠であることを知り、生きることに大きな希望が出てきます。しかもそれが、単なる気休めではなく、本当に存在する世界なのですから、その世界の掟というかルールに従って生きたいというように変わると思います。

真人　それだけではありません。僕は、人というのは、自由な、とらわれのない心で生き生きと生きられることが何より大切なことであると思っています。人を排除して、自分さえよければいいのだという気持ちで生きて、本当に自由でとらわれのない心でいられるでしょうか。人の不幸にわざと目をそむけ、贅沢三昧《ぜいたくざんまい》の生活を送ることで、本当の安らぎが得られるでしょうか。僕は不可能だと思います。とすれば、他者への思いやりや慈しみから出た行為は、この世を生き生きと生きる上でも、また死後の世界でも尊ばれる生き方なのですよ。

直子　分かりました。あと、一番聞きたかったことなのですが、真人さんが、死後の世界があると主張されるのは、具体的にどのようなことを根拠にしているのですか。断片的には分かるのですが、きちんと順序立てて説明してほしいのですが。

○どのようにして、死後の世界を知ったのか

①高橋信次

真人　僕は小学生の頃から、人はなぜこの地球上に生まれてきたのか、死んだらどうなるのだろうかと考えていました。ただ、憶測で死後の世界を思い描き、それで満足することはどうしてもできませんでした。事実を知りたいと思っていました。もし、死後がすべて消滅してしまう世界なら、それはそれで潔く受け入れようと思っていました。そのような中で、確かに死後の世界はあると確証できる幾つかの出合いがありました。主な出合いは、三人の方です。三人の方のされたこと、生き方を通して確証できました。

一人は、高橋信次さんという方です。

☆高橋信次（1927～1976）長野県に生まれる。幼少の頃から霊的体験を重ねるとともに、電子工学、物理学、天文学、医学などを学び、人間の心と肉体の関わりを解き明かした。さらに深い研究の結果、魂の輪廻転生を発見するに至る。以来「心の原点」「人間釈迦」「原説般若心経」など多数の著書や講演活動を通じて、人間の心の偉大性を説いた。コンピューター機器の製作事業を営むかたわら、経営者の指導にもあたった。（三宝出版、高橋信次著作集より引用させて頂きました）。

この方の書物を読み、そしていわゆる霊言という現象も画像を通してたくさん見ました。これは衝撃でした。高橋信次さんが、目の前にいる人に霊を入れると、その人の声帯を通してその霊が話し始めるのです。ただ、僕は霊的なものや、死後の世界に関しては疑り深く、その検証をできる限りしました。

直子　どのようにしたのですか。

真人　たくさんの例がありますが、二つほど挙げてみますね。

まず、高橋さんの特徴は、

①　目の前にいる人に、既に他界している霊を入れて、その人の声帯を通して、その霊に語らせる、というものです。

②　その霊は、いわゆる天国霊も、地獄霊もいます。この中で霊はいろいろな個人名を出します。高橋さんも、おそらく高橋さんの守護霊から情報をもらっているのでしょう。

相手の霊に具体的な固有名詞を挙げて質問をしていきます。そこで出された固有名詞や具体的な出来事などが本当にあったのかを調べるのです。

例えば、高橋さんの講演会の「現象」というところで、沖縄のある女性を通して、ある男性の霊が語り始めます。あなたの名前を教えて下さい、と高橋さんが質問します。『牛島です。牛島中将です』と答えます。それに対して、高橋さんは、牛島さんが、軍人であったこと、法華経信仰をしていたこと、沖縄で法華経を唱えながら割腹自殺をしたことなどを話しながら、牛島さんと話を続けていきます。

それを今度は僕が、牛島中将という人は本当に実在していたのか、沖縄で腹を切って自殺したのか、法華経信仰をしていたのか等を調べるわけです。

直子　牛島中将という方は実在していたのですか。

真人　はい、実際におられました。朝日新聞に、牛島中将のお孫さんにあたる方の記事がありましたので、紹介させてもらいますね。

2010年6月22日（火）　朝日新聞

ひと　平和授業を続ける沖縄戦司令官の孫

牛島貞満さん（56）

優しい人だったという。そんな祖父がなぜ、最後の一兵まで戦えと命じたのだろうか。答えを求めて沖縄に足しげく通った。祖父は沖縄守備軍を率い、65年前に最後の激戦地・摩文仁で自決した牛島満・陸軍中将。命を絶ったとされる6月23日は、20万人を超す沖縄戦の犠牲者を悼む「慰霊の日」と、沖縄では定められている。

東京の小学校で教え、障害児と健常児がともに学ぶ統合教育に熱心に取り組んできた。

一方で「沖縄」は避けていた。「満」の字が重く、名乗れば祖父のことを聞かれるという恐怖があった。1994年、同僚に背中を押され、初めて沖縄を訪れる。旧平和祈念資料館入り口に、祖父の「最後の命令」が展示されていた。説明文によると、この命令で「十数万人の非戦闘員が砲煙弾雨の中に放置された」。足がすくんだが、直視するしかないと踏ん切りがついた。祖父を知る人に会い、自決した壕に入り、辞世の句を読み返した。

「天皇のいる本土を守ることを優先した。満は結局、天皇しか見ていなかった」。自分なりに答えを見いだし、教師として歴史を伝えようと平和授業を始めた。

18日、7年目を迎えた沖縄県内の小学校の平和授業で祖父のこと、沖縄戦のことを説明し、締めくくった。「軍隊は住民を守らない。沖縄戦から学んだことです」

嫌いだった名前に今は運命を感じている。　文・吉田三智子

真人　また、牛島さんが法華経信仰をしていたことは、別の資料をあたり、本当にそうだったと確認するわけです。また、ある人の声帯を通して語る霊の言葉には、その霊の性格がよく出て来ます。言葉使いも、品のある言葉から、荒々しい言葉までさまざまです。

牛島さんの場合は、お孫さんが、優しい人だったと言われていますが、本当に優しい感

じが言葉や、物事のとらえ方に現れています。

もう一つ例を挙げますね。高橋さんは、富山県から講演を聞きにきたある女性に壇上に上がってもらいます。どうしてその女性を指名したかというと、その女性に高橋さんが認識できる霊が立っていたからです。その霊は、覚鑁《かくばん》というお坊さんでした。その女性の声帯を使い、高橋さんは、その霊に問いかけます。相手は、自分の名前を名乗ります。『あなたは、興教大師と呼ばれていましたね。高野山にも、あなたを奉っているところがありますね。根来衆を最初につくった人ですね』、このような質問に対して相手は答えます。……そのやりとりを注意深く聞き、それからこれらの事実が本当かどうかを調べます。まず覚鑁というお坊さんが実在したのか、高野山に奉られているのか、根来衆のことなどを調べます。

直子　そのようにして、検証してゆくのですね。いくつくらいの例があるのですか。

真人　僕が知っているだけでも30以上あります。自分が聞いたものは調べられる限り検証しました。

直子　みな実在していた人でしたか。

真人　一般の人だと探すのは難しいですが、文献で調べられる人は、みな存在していました。

直子　内容的には問題がないのでしょうか。

真人　いや、どちらかというと、僕たちが歴史の資料から見るのと、かなりイメージが違うというのが正直な感想です。これは、スウェデンボルグの場合も同じです。彼の『霊界日記』を見ると、意外な人が低い世界に行っています。

いずれにしても霊的な存在がいて、それが、ある人の身体に霊が入る→その声帯を通して霊が話をする→その話の正しいことが客観的に明らかになる。ここから霊の存在、死後の世界が存在するということを肯定していいと思います。

高橋信次さんの場合は、高橋さんの生前に、高橋さんと会った方30人くらいから、高橋さんのことを聞きました。その誰もが認めていたことは、高橋さんの霊能力が本物であること、親しみやすい人間性、霊能力をお金儲けに使っていなかった、ということでした。

直子　高橋さんを批判する方はいないのですか。

真人　直子さんは、すべての人から好かれていますか。直子さんを批判する人はいますか。

直子　そんな意地悪な質問をしないでください。ありえないことです。好みも、考え方も人それぞれで、私のことを好いてくれる人は、半分位だと思います。批判する人だって少なからずいると思います。

真人　高橋さんも同じです。批判する人もいます。わるい意味でなくいい加減なところもありました。例えば、元中学校の先生をされていた女性で、高橋信次さんの、過去世の言葉を文字にするお手伝いをされていた方がおられます。その女性が、分からない発音があり、高橋さんに聞くと、『いいよ、いいよ、適当で』と言われたということでした。

また高橋さんの書かれた書物を見ますと、ある本とある本では、事実関係の指摘が食い違うところがあります。これは、おそらく、高橋さんが一人で原稿を書き、誰も文章をチェックしていなかったからだと思います。人によっては、細かい、たいしたことでない部分を鬼の首でも取ったように批判する人がいますが、かわいそうな人だと思います。このようなことをしていると、物事の本質、物事の根幹部分にあるものを見過ごしてしまうからです。

直子　分かります。それでは、真人さんは、大きい部分では高橋さんを評価しているのですね。

真人　はい、先ほどの誰もが認めていたことなどに加えて、書物の内容も納得がいきます。また、形式よりも内容を重んじ、いつも質素な身なりをされていたことなどとても好感が持てます。偶像崇拝なども否定されていたでしょう。よく高橋信次さんは、戦後最大の霊能者と言われますが、本当にそうだと思います。ただ、気になることは亡くなる直前に、ご自分が霊界の最高の位にあると述べられたことです。

直子　本当なのですか。

真人　分かりません。ただ、そのようなことはどうでもいいことですし、もし本当だとしても言うべきでなかったと思います。

直子　でもキリストだって、自分が神の子であると言ったのですよね。

真人　時代状況が違います。現代は既成宗教に加えて、新しく発生したたくさんの新興宗教があります。教祖様が溢れています。このような時代に、霊界で一番上だと言っても何の効果もないでしょう。また、いまそのようなことを議論しても意味のないことです。

高橋さんが、僕らに伝えたかったメッセージは明らかです。

いつも穏やかな優しい心を持って人を生かすために努力をすること
人の魂は死後の世界においても永遠に生きるので、それにふさわしい心を持ち、立ち居振る舞いをしなさいということ

これだけです。高橋信次さんの言わんとすることを正しく理解すれば、高橋さんの名前さえ出すことなく、その教えを実行することが一番大切なことであると分かるでしょう。これも、まさに利他愛ですよね。

また、高橋信次さんの予言は、当たっているものもありますし、外れているものもあ

ります。これはおかしいことではありません。予言というものは、今の状態が続くならば、という仮定の上になされるものなのです。ですから、その仮定が変われば、予言は外れるということもあるわけです。

直子　分かりました。今度は二人目の方の話をお願いします。

②ジョージ・アンダーソン

真人　はい、ジョージ・アンダーソンという方です。

☆ジョージ・アンダーソン（1952～）30年以上にわたり、遺族に慰めと希望を与えるために、遺族と死者の仲介をしてきました。ジョージ・アンダーソンのホームページには彼の活動やメッセージが掲載されています。信頼できる霊能者です。http://www.georgeanderson.com/

この方は、高橋さんのように、霊界の仕組みや霊自体のことを論理的に説明しているわけではなく、ただ霊と生きている者との媒介のようなことだけをされておられます。

直子　具体的にはどのようにされているのですか。

真人　例えば、直子さんが、ジョージ・アンダーソンの前に行きます。そうするとリーディングとよばれているものが始まります。彼は、鉛筆を持ち、紙に何かを書いていきます。

直子　何を書いていくのですか。

真人　そこに直子さんの所縁《ゆかり》の霊が現れて、その霊のメッセージを書いていくのです。例えば、ケイゾウさんという方が来られています。あなたの祖父と言われていますがご存じですか、という形で直子さんと、ケイゾウさんの会話の中継をしていきます。しかも、ジョージ・アンダーソンは、リーディングの前に、直子さんの名前を言うことを禁じます。余分な偏見が入らないようにするためです。

直子　すごいですね。

真人　しかも、ジョージ・アンダーソンは、自分がこのようなことをするのは、『悲しみから立ち直れない遺族を慰めること』と言いきっています。そして『自分は道具である』と述べています。

一つ例を挙げますね。これは、ジョージ・アンダーソンがラジオのトークショーに出ていたときの話です。ラジオ局に、見ず知らずの人から電話がかかってきて、ジョージ・アンダーソンとのリーディングが始まります。これは、『誰も死なない』という本から紹介させてもらいます。

ラジオのトークショーに二、三回出演しただけで、ジョージは大評判になった。放送局の電話回線はオンエア二時間前にはすべて塞がってしまう。放送局の付近一帯では再三通話不能になるので、ジョージが勤めていたニューヨーク電話会社からは苦情が来る始末だった。

リーディングはどれも感動的だった。中でも、1981年の感謝祭前夜のものは、ジョージや私でさえ息を呑んだほど劇的で、衝撃だった。

「お父さんが心臓発作で亡くなってから一カ月も経っていませんね」

ジョージは尋ねた。

「二週間です。だから電話したんです」

電話をかけてきた男性の聴取者は答えた。

「お父さんは、自分が死んだときに痛恨の思いがあったと言っています」

その男性は、メッセージの意味をはかりかねるかのように躊躇しながら「いいえ」と答えた。

「いや」ジョージは固執した。「お父さんは、自分がなぜ死んだのか理解できない人がいて、その人に痛恨の思いをさせた、と言っているんです……『なぜ、こんなに突然だったのかって思うだろうが、それは自分の行くべき時が来ていたからなんだよ』とお父さんは言ってます」

「こりゃ、すごいや。すごい……」

この頃になるとその男性は感情を相当高ぶらせていたので、彼がいつまで電話で話ができるか、私は心配になってきた。

「もしもし」私は割り込んだ。「いま、ジョージが話している霊と、ジョージが知りあいだった可能性はありますか？」

「絶対ありません。ジョージを通じて私に話しかけているのは、間違いなく父です」

「じゃ、続けましょうか」とジョージは言った。「妹さんがいらっしゃいますか」

「はい」

「お父さんは妹さんと、とても仲がよかったですか」

「ええ、ええ」

「いま、妹さんに呼びかけていらっしゃいます。亡くなったとき、お父さんは、妹さんのそばにいましたか」

「父は妹の腕に抱かれて亡くなりました」

「お父さんは、『私はお前のすぐそばにいるよ、何の問題もないよ、と娘に伝えてください』と言っています。感謝祭を祝う言葉も受け取りました。名前が二つ見えます。アリソンかアリスです」

「アリスですよ。ああ、信じられない。父はアリスの胸に抱かれて亡くなったんです」

彼は、ジョージが自分のことや父親の死の状況を知っている可能性はない、と断言した。

「お父さんはあなたと妹さんに呼びかけています。『みんなに私の気持ちが安らかであること、元気であること、みんなに愛を送っていることを伝えて下さい』と言っています。お父さんは、みなさんのすぐそばにいらっしゃいます。メッセージからもおわかりになりますね」

真人　霊能者と名乗る人は少なからずいます。ただ、ジョージ・アンダーソンのように、目の前に現れた人に名前や、住所、相談内容など一切の情報を聞かないで、その場に来た霊の名前や、生前起きたことを、ほぼ正確に伝えられる霊能者は滅多にいません。しかもこのようなリーディングを、ジョージ・アンダーソンは30年以上も続けているのです。いまも続けています。ジョージ・アンダーソンの場合は、死者との通信にだけ的を絞っているので、誰にでも死後の世界があるということが分かると思います。

直子　そうですね、日本の霊能者と言われる人々は、相談に来た人の名前や、聞きたい人との関係を前もって聞き、それから、『その方は、このような趣味ありましたよね』などと聞く形が多いですね。

真人　そうした意味でもジョージ・アンダーソンの霊能力は本物ですし、また彼の生き方もきれいです。

③シルバー・バーチ

真人　シルバー・バーチの場合は、自分の本当の身分を明かさずに、モーリス・バーバネルという人の声帯を使い、霊界の仕組みや法則を伝えてこられました。モーリス・バーバネルがなぜこのようなことを始めたのか、『シルバー・バーチの霊訓一』より紹介させてもらいますね。

１９２０年頃のことである。文人による社交クラブで司会役をしていた十八歳の議論好きの青年が、思わぬ成り行きからスピリチュアリズムの研究に引きずり込まれた。そしてある心霊家の招きでロンドンの東部地区で催されていた交霊会なるものに一種の軽蔑心を抱きつつ出席した。これといった感動も覚えぬまま会の成り行きを見ていたその青年は、入神した人間の口をついてインディアンだのアフリカ人だの中国人だのが代わるがわる、しゃべるのを聞いて苦笑を禁じ得なかった。そして列席者の一人から「あなたもそのうち同じことをするようになります」と言われた時もアホらしいといった気持ちで軽く聞き流した。のちにこれが現実となるとは神ならぬ身には知る由もなかった。
二度目に出席した時、青年は途中でうっかり居眠りをしてしまい、目覚めてから慌てて失礼を詫びた。ところが驚いたことに他の出席者たちから「居眠りをなさっている間あなたはインディアンになっておられましたよ。名前も名乗ってましたが、その方はあなたがお生れになる前からあなたを選んで、これまでずっと指導してこられたそうです。そのうちスピリチュアリズムについて講演なさるようになるとも言ってました」と言われた。この時も青年は一笑に付した。しかしどこか心の奥にひっかかるものがあった。
その後出席する度に入神させられ、そのたびに同じインディアンがしゃべった。はじめのうち片言英語しか話せなかったのが次第に流暢になっていった。その青年の名はモーリス・バーバネル。そしてインディアンはシルバー・バーチとよばれるようになった。

直子　モーリス・バーバネルという人に、会ったこともないのに、どうして正しい霊言と判断したのですか。

真人　霊言だけですとそういう指摘も確かにそうだと思います。モーリス・バーバネルはシルバー・バーチの霊言中で、第三者には分からない個人的な指摘もしていたようですが、それはあくまでも個人的なことなのでそれまでのことになってしまいますよね。

僕が、これは本物だと思ったのは、イエス、マホメット、釈迦が命じたことと同じように、自分を捨てて他者のために生きること、つまり利他愛を、最大の教えとしていることです。しかも、数十年にわたって、大量の霊言を送ってきています。これは、モーリス・バーバネルの思いつきの言葉では、絶対に無理です。そして内容の気高さはすごいものです。

○「日月神示」と「霊界物語」は本物か

直子　ちょっと待って下さい。私は、『日月神示』と、出口王仁三郎《おにさぶろう》さんの『霊界物語』を少し読んだことがありますが、あの膨大な量の記述は、とても一人の人の思いつきでは無理だと思うのですが、こちらはどうなのでしょうか。

◆日月神示（ひつきしんじ）は、神典研究家で画家でもあった岡本天明に「国常立尊」と呼ばれている高級神霊より自動書記によって降ろされたとされる神示である。

原文はほとんどが漢数字、独特の記号、そして、若干のかな文字の混じった文体で構成され、抽象的な絵のみで書記されている「巻」も有る。本巻38巻と補巻1巻の計39巻が発表されている。日月神示は、その難解さから、書記した天明自身も当初はほとんど読むことが出来なかったが、仲間の神典研究家や霊能者の協力などで少しずつ解読が進み、天明亡き後も妻である岡本三典（１９１７年（大正6年）～２００９年（平成21年））の努力により、現在では一部を除きかなりの部分が解読されたと言われている。

なお、原文を解読し漢字仮名交じり文に書き直されたものは、特に「ひふみ神示」または「一二三神示」と呼ばれる。日月神示はその登場以来、関係者や一部専門家を除きほとんど知られていなかったが、１９９０年代の初め頃より神典研究家で翻訳家の中矢伸一の著作等により広く一般にも知られるようになって来たと言われている。（ウィキペディアより）

◆霊界物語（れいかいものがたり）は新宗教「大本」の教祖・者出口王仁三郎が大正～昭和初期に口述筆記した物語。全81巻83冊あり、量と執筆期間の短さ（実質約４００日）を考慮すると、常識を超えた物語・叙事詩と言える。聖書、キリスト教、仏教、儒教、孟子、エマヌエル・スヴェデンボリ、九鬼文章など、あらゆる思想と宗教観を取り込んでおり、舞台は神界・霊界・現界と全世界に及ぶ。内容は、宇宙及び大地の創造の過程、超太古の神政の様子、現代社会への批判や風刺、未来の予言（第二次世界大戦を示唆するという）など、多種多様。登場人物の言動や王仁三郎の解説を通じ人間の霊性について読み取ることが出来る。その一方、政治的なエピソードも盛り込まれており、戦前は安寧秩序紊乱により一部発売頒布禁止処分を受け、第二次大本事件で全巻発禁処分、私蔵も禁じられていた。大本では『大本神諭』と共に二大教典とされており、現在は一般にも販売されている。（ウィキペディアより）

真人　高橋信次さんの、ある人に霊を入れて、その声帯を通して霊に語らせるという話をしましたが、その霊は、いわゆる天上界というところにいる愛と慈愛に満ちた霊から、自分の偏見に凝り固まっている霊、地獄と言われるところにいる霊までさまざまです。そして、生きている人間で霊能力の強い人は、その人の波長に合った霊からのコンタクトを受けるわけです。

いつも人の幸せを願って生きている人には、それと同じ人の幸せを願う霊が訪れます。人の揚げ足を取ってどうでもよいところをほじくり出すのが好きな人には、同じような霊が訪れます。また、怒りやねたみや、争いを好む人にはやはり同じような霊が訪れます。

直子　そうか、そうするとどの人に訪れた霊も本物ということですよね。

真人　そうです。だから、狭い世界しか見ていない人は、これは本物だから、すべて真実なのだ、という落とし穴に落ちてしまうわけです。実際はみな本物なわけです。

直子　よく分かりました。そうすると神さまに一番近い存在というのは誰なのでしょうか。

真人　そういう発想も意味ないと思います。人に対する思いやり、慈しみを投げかけながら生きている方が、神に一番近いところにいる存在だと思います。シルバー・バーチの教えを勉強しながら、無慈悲で、人をあげつらう人もいます。あまり知られていない新興宗教に入りながら、愛と慈悲を貫いて生きている方もおられます。また、宗教などを学ばなくても、思いやりや愛を持って生きている方もたくさんおられます。

直子　では何を勉強してもいいのでしょうか。

真人　おそらく、どの教えも変わらないと思いますが、以下のことを注意すればよいと思います。

① 教祖様に絶対性を置く宗教は、間違っています。なぜならば、キリストもマホメットも釈迦もそれを否定しているからです。本当の教祖様ならば、自分は質素な生活をしながら、困っている人を助け、考えの違う組織とも助け合っていくはずだからです。

② 教祖様の組織に尽くすこと、その組織の大神殿をつくることが、愛の実践だと勘違いしてはいけません。それは真の愛や慈悲とは無関係です。組織は、そこに所属する人に自信と選ばれた者という選民意識を与えてくれます。しかしそのような意識は、キリストやマホメットや釈迦の教えから反するものです。

③ 真の教えに、人を傷つけること、人を殺すこと、自分と考えの異なる相手を一方的に排斥するというものはありません。

直子　お釈迦様は、人につかず法につけ、と言われていますが、個人崇拝というのは、愛や慈悲と反対の道にそれてしまう可能性が高いということですよね。

真人　その通りだと思います。

直子　その他に真人さんが死後の世界を確証するのに影響を受けた方というのは、他にもおられるのでしょうか。

真人　スウェデンボルグ、スピリチュアリズム系の人々、それからダスカロスなども挙げられます。

直子　ダスカロスという方はどのような方だったのですか。

真人　霊の世界のことが分かり、また彼の生き方が利他愛に徹していたことです。彼は利己主義が人間の最大の敵とまで言っています。ダスカロスの日本語版のホームページから少し紹介させてもらいますね。

☆Dr.スティリアノス・アテシュリス（1912～1995）

「ダスカロス」ことスティリアノス・アテシュリスはまだ日本ではあまり知られていませんが、スピリチュアリズムに関わる人々の間では「ザ・ヒーラー（世界一のヒーラー）」、「20世紀における最も偉大な霊性の教師」と呼ばれ、最大限の尊敬を集めている人物です。彼は生涯を通じて無償で多くの人々を癒し、無条件の愛を示し続けたヒーラーであり、霊的な真理を教え続けた教師でした。

ダスカロスは1912年、地中海に浮かぶキプロスという島国に生まれ、95年に亡くなるまで首都ニコシアにほど近い、ストロヴォロスで暮らしていました。

自分の名前が知られないように努めていた彼は生前から、周囲の人々にただ「ダスカロス」（ギリシャ語で「先生」を意味する）と呼ばれていました。

ダスカロスは立つことすらできなかった小児マヒの子どもを歩かせたり、再起不能なまでに変形した背骨を再生するなど、奇跡のようなヒーリングを行なうこともできました。しかし、ヒーリングは聖霊によってなされるもので自分はそのチャンネルにすぎないと考えるダスカロスは、大勢の人を癒しながら、決して謝礼や治療費を受け取ることがなかったといいます。

また口ぐせのように「真理の探究者にとって、名声とは罠なんだ」と語っていたダスカロスは誰にも自分のことを書かせず、インタビューも受けつけませんでした。
こうして彼は細心の注意を払って脚光を浴びる危険性を避けながら、83年の生涯を他者への愛に捧げ、市井の人として生きたのです。　www.daskalos.jp/101daskalos/111daskalos.htm

直子　本当にいろいろな方がおられるのですね。

真人　そう思います。だから人は謙虚さが大切だと思います。福原義春さんが言われていたように強い自我は自分を枯らしてしまうというのは、本当だなといつも思います。これは本物と思う人は、必ず利他愛を主張されています。

直子　分かりました。こんどは、この世の上手な生き方、このようなところに注意して生きたらいいよ、というようなことがあったら教えてくれますでしょうか。

真人　分かりました。節をあらためて幾つか述べていきますね。

8　強い自分をつくろう—御身はあらゆる苦しみにあいながら、何にもあっていない人のようじゃ

「御身はあらゆる苦しみにあいながら、何にもあっていない人のようじゃ」

これは、シェイクスピアのハムレットの中に出てくる台詞です。ショウペンハウエルがこの台詞の解説をしています。

「高貴な人物は容易に自分自身の運命を嘆くものではない。むしろそういう人物には、ホレーショに対するハムレットの賛辞がそのままあてはまることであろう、

御身はあらゆる苦しみにあいながら、何にもあっていない人のようじゃ。

『ハムレット』第三幕第二場

このことは、次のようにして理解せられえよう。そのような人物は他人のうちにもまた自分自身の本質を認識して、その人たちの運命を自分のものとして共感しているのであるから、自分のまわりに、ほとんどいつでも、自分自身のよりも、もっと苛酷な運命を目撃している。

これに反して、自分だけを全実在だと思いこんでいるような卑しい利己主義者は、他人のことなど、仮面か幻影くらいしか考えず、他人の運命などには、全然同情をもたないで、自分の関心のすべてを自分自身の運命に向けているのであるからして、その結果非常に敏感になってしきりに嘆息を洩らすということにもなるというわけである」

この言葉は、いつも大変さを口にしようとする時のストッパーになってくれます。

この文の意味は、他人の苦しみを理解し、ともに苦しみを分かち合っている人間の口からは、自分の欲望が満たされないところから来る嘆きの思いは出ないだろうということです。

なぜならば、自分よりもつらい、過酷な境遇の人は周囲にたくさんいるからです。

ほんとうに、他人の苦しみを理解し、ともに苦しもうとする人の口からは、弱音や愚痴は出てこないように思います。また、私だけが大変という発想も出てこないでしょう。いつも人の苦しみや、哀しみに目を向け、人の気持ちを理解しようと振る舞える人は、真に強い人だと思います。

坂村真民さんの、「念ずれば花ひらく」という詩がありますが、この題名の下にかっこ書きで、愚痴の代わりに、という言葉が添えられています。この詩は、私たちが弱音や愚痴に対してどのように向き合ったらいいかということを教えてくれています。

念ずれば花ひらく（愚痴の代わりに）
念ずれば花ひらく
苦しいとき母がいつも口にしていた

このことばをわたしもいつのころからか
となえるようになった
そうしてそのたびわたしの花がふしぎと
ひとつひとつひらいていった

この詩に少し注釈をつけてみます。

念ずれば花ひらく、この意味は、まず、「念ずる」の意味ですが、これは、ⅰある事柄、事態などの実現を強く思い願う。ⅱこうあって欲しいと心の中で祈る。ⅲ苦痛、悲しみなどを耐え忍ぶ、大きくはこの3つに分けられるようです。これらから、「念ずる」の意味は、「耐え忍びながら、より良い方向に進めるように、強く願い、祈ること」このように解釈できると思います。

ひとつ具体例を挙げてみます。直子さんが、「こんな仕事していても、大変なだけで、あまり儲からないしつまらない、なんでこんな仕事を私がやらなきゃいけないの?」このように、愚痴をこぼしていたとします。これを念ずるという形に変えてみますと、「自分の道が、この仕事を通して開けるように頑張らせてください。自分の仕事を通して、みなさんの生活が少しでも暮らしやすくなりますように」、このように変えられるのではないかと思います。

ここでも、他者にた対する想い、慈しみのこころが、真の強さを僕たちに与えてくれると言えます。

9　生かすという気持ちをいつも忘れないようにしよう

○生かす対象

人は誰でも、自分の持っている良いところを生かして生きる時、はじめて真の幸福感を得られるのではないでしょうか。「俺はダメな人間、何ひとついいところなんかないさ」と言っている人も、必ず良いところを持っています。兼好法師は、「心なしと見ゆる者も、よき一言はいふものなり」（情理を解さないと思われる人でも、良いことを一言くらいは言うものである）と述べていますが、どのような人も人を感動せしめるところを必ず持っているというのが、私の経験から教えられたことです。

自分自身の中に、また相手の中にそれを見つけられるかどうかは、まさに私たちの力量にかかっていると言えます。

そして、自分自身の良いところを見つけ、それを生かす上で前提として大切なことは、自分自身の心の状態です。自分の心が平静な状態にあることが基本です。人から言われたことにくよくよしていたり、気をふさぎこんでいたりしたら、幾つ心があってももったものではありません。自分を生かすには、強い自分をつくらないといけません。

どんなに良いと言われている人でも、誰かから必ず陰口をたたかれています。また、音楽演奏であれ、芸術作品であれ、学問的な論文、評論にしろ、どんなに素晴らしいと評価されるものでも、それをけなしたり、こきおろす人が必ずいます。

こうしたことを前にして、私はある意味でとても安心しました。つまり、どんなにすごい人でも、他人の辛辣《しんらつ》な批判にさらされなければならないという意味で、無傷な人はいないと分かったからです。陰で言われている本人は、そのことを知らない場合がほとんどですが、どんな人もこの十字架を背負っているのだということが分かりました。マザー・テレサへの批判を知った時はさすがに驚きました。

そのことが分かった時、私は他人の目を気にする愚かさから解放されました。ついでに、なぜこのようなことが生じるのか考えてみました。

①嫉妬心
相手が自分の有していないものを持っているとき、それを認めてしまうと自分の能力のなさを容認してしまうことになるので、相手の良いところを否定したり、あるいは他の劣っていると思われる部分を批判することによって、自分の優位を保とうとする。

②ワクの狭さ
自分独自の価値観や人生観のみを絶対視し、それと同じでないものは、たいしたものではないものとして扱う。

③優越感
例えば、社会的地位や職業や学歴や財産によって、自分より下にある者のなしたこと、語ったことは価値が低いものとして扱う。

このような要因を挙げる中で、広い心を持つことの大切さをあらためて知らされた思いがしました。

自分の能力のあるなしに関わらず、価値観の違いに拘泥することなく、相手の良いところは良いものとして評価できる心の広さを持てる人は、本当に素晴らしい人であると思います。

またこうしたことが分かった時、A子さんが、B子さんに言っているC子さんへの陰口を、C子さんに伝えるべきではないということも分かりました。それは、意味のない陰口であり、それをC子さんに伝えることによってC子さんの心に曇りをかけてしまうからです。

○自己を生かす

他者を生かすには、まず自分の基礎がしっかりしていることが必要です。その基礎というのは、心の平静さであり、そのためには他人の陰口や、根拠のない言葉などは流してしまうことです。また、本当に自分のことを思って指摘してくれた言葉なら、今度は勇気を持って受け入れ、あらためるべきところはあらためるという心の広さを持つことが大切です。次に大切なことは、自分の好きなところ、良いと思うところを萎《しぼ》ませないことです。自分の良いところを大切に育てていくことです。自分の良いところを萎ませて、どうして一度きりの人生と言えるでしょうか。

「私は、好きなところも、良いと思うところもないわ」という人がいるかも知れません。しかし、それは自分自身の否定です。本当にないと思うなら、自分を変えていくべきです。自分を好きになれるように変えていくべきではないでしょうか。

もうひとつ大切なことがあります。それは、他人との比較をやめるべきです。「なんで私ばかりが」と言う前に、自分自身ができることは何かを考えるべきです。

自分自身の人生の花を知り、その花を咲かせることに全力を尽くすべきです。

○他者の人生も共に生きる心で

私は時々、人生の道を逸《そ》れてしまった人のことを考えます。

道を逸《そ》れてしまった人、例えばニュースキャスターとしてテレビのお茶の間の顔だった人が、電車の中の痴漢行為で逮捕される、裁判官、キャリア官僚の痴漢、公務員の賄賂、教師の暴力、検事による証拠改ざん、覚せい剤で身を滅ぼしてしまった人……さまざまな形態があります。ここでは、オウム真理教の故村井秀夫氏（享年36）のことを述べてみたいとおもいます。十年一昔といいますが、この事件はもう二昔前の事件になります。

◆オウム真理教事件は、1980年代末期から1990年代中期にかけてオウム真理教が起こした事件の総称である。オウム真理教の教祖である麻原彰晃（本名：松本智津夫）が救済の名の下に日本を支配して、自らその王になることを空想し、それを現実化する過程で、外国での軍人訓練や軍事ヘリの調達、自動小銃の密造や化学兵器の生産を行い武装化し、教団と敵対する人物の殺害や無差別テロを実行した。一連の事件で29人が死亡し（殺人26名、監禁致死1名、殺人未遂2名）負傷者は6000人を超えた。

特に注目される事件として、教団と対立する弁護士とその家族を殺害した1989年11月の坂本堤弁護士一家殺害事件、教団松本支部立ち退きを求める訴訟を担当する判事の殺害を目的としてサリンを散布し計7人の死者と数百人の負傷者を出した1994年6月27日の松本サリン事件、教団への捜査の攪乱と首都圏の混乱を目的に5両の地下鉄車両にサリンを散布して計12人の死者と数千人の負傷者を出した1995年3月20日の地下鉄サリン事件が挙げられ、これら3つの事件を合わせてオウム三大事件と呼ばれている。（ウィキペディアより）

彼はさまざまな凶悪事件に手を染めたと言われていますが、その真偽を判定する時間を待つことなく、暴漢に刺殺されてしまいます。

彼は阪大から、阪大の大学院に進んでいます。なぜ彼は、順調であったはずの人生行路を変えていったのでしょうか。彼は仕事を辞め、妻子とともにオウムに出家する時に、「これを読めば僕の気持ちが分かる」と言って、実の母親に一冊の本を渡します。母親はこの本を何度も何度も読み返したといいます。

その本は『かもめのジョナサン』という本です。少しこの本の内容に触れてみます。

かもめのジョナサンは、食べるためだけに生きるのではなく、高く、速く飛ぶことにこそ意味があると考えているかもめです。仲間や両親から奇異な目で眺められながらも、飛行訓練を繰り返すあまり、ついに群れから追放されてしまいます。

そして群れから離れたジョナサンは、ある日、自分より高度な飛行技術を持った先輩かもめと出会い、より高い精神世界へと導かれます。また、最後は若いかもめたちに、自分の会得した技術を教えるというストーリーです。

ジョナサンが、群れからの追放を宣言されるとき、かもめの最高幹部は次のように言います。

「……分かっていることは、ただ我らがえさを食べ、そしてあたうる限り生きながらえるべくこの世に生をうけたということのみなのだ」

それに対してジョナサンは弁明します。

「聞いてください、みなさん！　生きることの意味や、生活のもっと高い目的を発見し

てそれを行う、そのようなかもめこそ最も責任感の強いかもめじゃありませんか？　千年もの間、われわれは魚の頭を追いかけ回して暮らしてきた。しかし、いまやわれわれは生きる目的を持つにいたったのです。学ぶこと、発見すること、そして自由になることがそれだ！」

ジョナサンは、えさを食べてただ生きられるだけ生きろという生き方に満足しなかったのでしょう。それだけでなく、学ぶこと、そして自由になることを求めていたのです。この話の結末は、ジョナサンは他を愛することを学び、自分が学び得たものを、他のかもめに伝えたいというところで終わります。

村井氏もまた、ただ生きるという人生でなく、生きる意味を求めつつ生きていたのでしょう。

それでは、彼のどこに問題があったのでしょうか。

おそらく一番の問題は、彼の脳裏には「捧げるべき他者」が不在であったのだと思います。

私たちが、人生の意味を考える時、私たちは、キリストや釈迦たちから、他人を生かし、他人のために生きることの大切さを教えられました。臨死体験者は、宇宙ではすべてのものがつながっていると報告しています。「人を生かす」ということが、外せない根本的な命題であるのに、村井氏には、この点が欠けていたのではないかと思います。新聞記事によりますと、村井氏が阪大の恩師を訪ねた時、「自分はもうすぐ空を飛べるようになる」と語ったそうですが、これが事実とすると、彼は群れから離れ、飛び方を学んでいるところで人生を終わってしまったことになります。

オウムの凶悪な事件については、「法」ではなく「人」についてしまったこと、「捧げるべき他者が不在で、捧げた対象が教祖や、自分であったこと」、これらが主たる要因を占めていると思います。さらにまた、彼らが出家信徒である点も大きなウエイトを占めていたのではないでしょうか。すべてを捨てて、帰るべき場を持たないということは、いい意味でも、悪い意味でも想像を超える行為を引き起こす要因になりうるのです。

おそらく、村井氏は、痛恨の思いで、自分の人生を振り返っているのではないでしょうか。

○勇気を失わずに

人の陰口はもちろん言うべきではありません。また、人の陰口を気にしないだけの強さも持たなければいけません。私たちが陰口を聞いても、笑って流すことができるならば、そのことがどれだけ他の同じような立場におかれている人々の勇気づけになることでしょう。

「他者を生かす」ということの根本にあることは、難しい理屈や方法ではなく、微笑みや相手のことを気づかう何気ない言葉やしぐさではないかと思います。

人から何かを言われたり、あるいは「あの人があなたのことを、こんなふうに言ってたわよ」という言葉を聞いたら、まず自分の心のフィルターにかけてみましょう。

それが的を射た正当と思われる指摘であるならば、針を刺すような痛みであろうと、それを受け入れあらためる努力をしていきましょう。

もしそれが、意味のない、根拠のない指摘であるならば、微笑んで流せるだけの強さを持ちましょう。むしろそうした言葉を発した相手を憐れむくらいの心の広さを持ちましょう。私たちのその心の広さが、いつか相手の心を変えられるかも知れません。

人はどのような人であれ、一人になった時の裸の心は、弱く、かぼそいものだと思います。

「人を生かす」ということの核心は、この弱く、かぼそい心に、強さや勇気を与えることではないかと思います。その弱さ、かぼそさゆえに、人は組織に依存したり、組織の一員として守られることに安心感を覚えるのでしょう。また、自分や、自分以外の組織をこきおろすことで、その弱さや、かぼそさを覆いかくすのでしょう。

私たちはこうした人間のメカニズムを知ることで、さらに自分自身を強くし、自分自身の良いところを生かし、なおかつ他者をも生かす道を歩いていこうではありませんか。

10 人に安らぎの気持ちを与えられるようになろう

「その人」がいるとその場の雰囲気が和やかになり、みなが生きることに前向きになれるという「その人」がいます。良寛さんはそのような人でした。良寛さんは江戸時代のお坊さんですが、生涯寺を持ちませんでした。彼は18歳で出家し、22歳から33歳までを備中・玉島の円通寺で修業し、以降放浪生活を送ったとされています。そして、文化元年47歳の時に郷里の越後に戻り、国上山の中腹に五合庵を結んで独り住みました。

江戸時代に、『良寛禅師奇話』という良寛についての話が載せられている伝記が出されています。作者は、解良栄重《けらよししげ》という儒学者です。その中に、

「師ハ余カ家ニ信宿日ヲ重ヌ。上下自ラ和睦シ、和気家ニ充チ、帰リ去ルト云ヘトモ、数日ノ内人自ラ和ス。師ト語ルコト一夕スレハ、胸襟清キ事ヲ覚ユ。師ハ更ニ内外ノ経文ヲ説キ、善ヲ勧ムルニモアラズ。或ハ厨下ニツキテ火ヲ焼キ、或ハ正堂ニ座禅ス。其ノ話、詩文ニワタラズ、道義ニ及バズ、名状スベキ事ナシ。只道徳ノ人ヲ化スルノミ」

良寛さまが、著者である私の家へ幾晩か泊まりで過ごされた折の話であります。家族の者はもちろん、使用人達もみんな仲良くなって、何とも言えない和やかな雰囲気が家中に漂うていました。そしてそのような空気はお帰りになった後も、数日の間、家の内に充ち満ちていたものですから、家中みんなの気持ちがしっくりと一つになりました。一晩、和尚さまとお話をしていますと、心の中が何となく清々しい気分になってきます。

お坊さんだからと言って、ことさらにお経の話をなさるわけでもなくて、お説教をされるというのでもありません。またとり立てて、善いことをせねばならんとか、悪いこ

とをしてはならんぞ、というようなおさとしをなさる風でもありません。時には、台所で、かまどの火をおこしたり、またある時はお内佛の部屋で、一人静かに座禅をしておられたりしていました。ご自身、詩歌がお上手だからと言って、人を相手に詩文の話をなさるというのでもなく、人倫の道徳めいたお話をなさるのでもなく、ただ、ゆったりとして何とも表現してみようもないお姿でした。そのお人柄そのものが、人の気持ちをそのようにさせるのだろうとしかいいようのないものでした。

現代の社会にも、このような存在の方がおられると思います。その人がそこにいるだけで、優しい雰囲気が流れる、和やかさが漂う……。どうしてこのような雰囲気が流れるのでしょうか。おそらく、その人は出会う人にいつも思いやりや、慈しみや、相手がよくなってほしいという利他愛の気持ちが心の底にあり、それがこのような形で現れるのでしょう。

良寛さんはたくさんの漢詩をつくっていますが、欲を戒めている詩がとても多いように思います。例えば、次のような詩をつくっています。

欲無ければ一切足り　求むる有れば万事窮《ばんじきゅう》す

淡菜《たんさい》飢《う》えを癒すべく　衲衣《のうい》聊《いささ》か躬《み》に纏《まと》う
独り往《ゆ》いて麋鹿《びろく》を伴《とも》とし　高歌《こうか》して村童《そんどう》に和《わ》す
耳を洗う巌下《がんか》の水　意《こころ》に可《か》なり嶺上《れいじょう》の松

欲がなければ、すべてが足りて不足ということはない。求めようとするから、万事きわまるのである。あっさりした野菜は、飢えをいやすことができ、ころもでも身にまとうに足りる。独り、鹿をつれながら、自然にひたり、また、村の子供たちと高らかに声をあげて歌いあう。すべて十分に楽しいことばかりである。岩の下には清らかな水が流れていて、俗事の汚れを洗うことができるし、嶺の上の松が風に揺れる音も、わが心にかなうように、すがすがしく、ここちよく聞こえてくる。

欲はきりがないものです。どこかで、「ここまで」と境界を決めておかないと、際限がなくなってしまいます。良寛さんの場合は、この欲から超越していたのでしょう。

相手に対しても、何らかの欲を持って接することがないので、相手は良寛さんにオープンな姿勢を見せ、それをまた何の欲もなく受け入れるので、相手に大きな安らぎを与えられるのではないかと思います。

11　人と人との関係――良い人間関係をつくるには

私たちは、知らず知らずのうちに、他者を何かの欲望充足の手段として見てしまう傾向があります。純粋に目の前にいる人を、一個の人格として見ることは少ないように思います。ある銀行に勤めている男性が上司から、「とにかく相手を見たら、この人からいくらお金を引っ張りだせるか、それを第一に考えろ」と言われたそうです。私たちの資本主義社会では、これはむしろ当たり前の見方かも知れません。自分の幼稚園の子どもの友達や、親に親切に気をつかうのは、自分の子どもを大切にしてほしいという動機からかも知れません。職場の上司にバレンタインのチョコレートを渡すのは、仕事の上でプラスになるからかも知れません。

現代社会は、良寛さんのように生きるには難しい社会ですが、せめてひとつでも、何かの見返りを求めない間柄があるといいなと思います。それがひとつでも増えていくと、優しい社会が芽生えていくと思います。

○良い人間関係をつくるには、良い波動をまず自分が出すこと

良い人間関係をつくるには、前提として、自分が良い波動を出すということが必要です。どうしたら出せるのでしょうか。

トルストイの『人生の道』という本の中に、「気心のよい、恭謙な、友愛に富んだ、他人の利益を思いやる人になるがよい。そうすれば、水が低きに流れそそぐよう、しかく自然に幸せがお前に訪れるに違いない」という言葉がありますが、この言葉にすべてが集約されていると思います。気心というのは、心の持ち方をいいます。心の持ち方がよいという意味です。心の持ち方がよいということは、いつも人を良い方に導いてあげられること、物事を素直にとらえられること、物事を良い方向に解釈していけることを言います。恭謙というのは、慎み深く、へりくだっているという意味です。友愛は、ここでは他者に対して愛情深い気持ちを持って接していくという意味です。

こうした心構えを携えながら、他人の利益を考えられ、しかもそれを実行できる人に

なりなさいということです。こうした気持ちで言葉を語り、行動すればいつも良い波動が出ていると思います。この波動を継続して出していけるようにする為の最大の難関は、自分の見栄や、自分中心の狭い意味のプライドです。これを捨てられるようにならないと、良い波動は出ません。

人から蔑《さげす》まれ、馬鹿にされ、ひどい言葉を投げかけられても、微笑んで受け流し、けれどまた人間としてのプライドは毅然として保ちながら振る舞っていくことが大切です。これらを実行しようと努力していけば、必ず良い波動が溢れ出てきます。自分の狭い意味のプライドや見栄がいかにつまらないものかということは、イエスの例を知るとよく理解できると思います。

イエス＝キリストは死刑にされる為にゴルゴタの丘に上っていくときに、心ない人々は罵声を浴びせます。聖書のマタイによる福音書、27章30節以下には次のように記されています。

「また彼らはイエスにつばきをかけ、葦を取り上げてイエスの頭を叩いた。……またイエスの頭の上には、『これはユダヤ人の王イエスである』と書いた罪状書きを掲げた。……同じように祭司長たちも、律法学者、長老たちもイエスをあざけって言った。『彼は他人を救ったが、自分は救えない。イスラエルの王様なら、いま十字架から降りてもらおうか』」。これらの行為、言葉はイエスに対する最大の侮辱です

しかし、イエスは十字架上で、「神よ人々を見捨て給うな、その為すところを知らざればなり」と言います。イエス＝キリストは、人類に神の存在、霊界の存在、愛という普遍的な真理を我々に説いた方です。このような方がこれだけの酷い目にあわされても、なおかつ人の為に祈る。これほど気高い人間の行為があるでしょうか。この、イエスの受けた辱めを見るだけでも、私たちは自分の小さなプライドを捨てて、もっと大きな器の人間に脱皮すべきだと教えてくれているように思います。

また、良い波動を出させてくれる大きな力となるものが、「反省」です。反省というと、何か悪いところをほじくりだして罪を見つけるというような暗いイメージがあるかも知れませんが、反省の本体は自分の言動を振り返り、問題のあるところを神に詫びて、これからあらためていこうということです。また、地上から少し離れた高いところに自分を置き、客観的に自分の位置や社会を見つめると、ひとつ広い視点が持てるようになると思います。

イエスの話に戻りますが、イエスの話は本当にそうだと納得できても、いざこの意識を継続する段階になると、一朝一夕にはできないものだと分かります。そこで継続する

為に、もう少し実践しやすい方法を考えてみた時に、人間関係を幾つかのパターンに分けて、そのパターンからより良い方法を見つけてみるのもよいと思います。

○人間関係の４つの要素

人間関係には、基本的に４つのパターンがあります。

①＋と＋　②＋と－　③－と＋　④－と－

①◎AはBと一緒にいると、プラスの気が出て、人生に希望とやる気が出てくる。
◎BもAと一緒にいると、プラスの気が出て、人生に希望と意欲が湧いてくる。これが①のパターンです。

②◎AはCと一緒にいると、プラスの気が出て生きることに前向きになれ、すべてのことが肯定的にとらえられる。

●CはAと一緒にいると、マイナスの気が出て、怒りっぽくなり精神的余裕がなくなってしまう。これが②のパターンです。

③●BはCと一緒にいると、マイナスの気が出て、イライラしてくるだけでなく何をしてもうまくいかなくなってしまう。

◎CはBと一緒にいると、プラスの気が出て生きることに前向きになれ、すべてのことが肯定的にとらえられる。これが③のパターンです。

④●AはDと一緒にいると、マイナスの気が出て落ち込む気分になり、何かを一生懸命やろうとする意欲を喪失してしまう。

●DはAと一緒にいると、マイナスの気が出てイライラして怒りっぽくなり、やる気が失せてしまう。これが④のパターンです。

ほとんどの方が経験されていると思いますが、私たちは「あの人の前では素直になれるのに、この人の前では自分のいやな面ばかりが出てしまう」と思ったことが一度、二度はあると思います。

これはどのようなことかと言いますと、人間には、プラス・マイナスの気があり、その組合せによって、自分がプラスの気を出せる場合と、マイナスの気が出てしまう場合があることを意味します。

このパターンというのは時間の経過によっても変化します。例えば、K子さんという女性がいるとします。結婚して十五年くらいになりますが、K子さんはご主人の顔を見るのも嫌になり、ご主人も同じようにK子さんと顔を合わせると、怒ったり、なじったりして、K子さんも言葉で応戦します。結婚して数年間はこのようなことはなかったのですが、段々とお互いの嫌な部分が目についたり、価値観が違ったりしてきて、ただ傷つけあうだけの関係になってしまいました。このような中でK子さんは、職場の同僚のS男さんと話をすると気持ちが明るくなり、前向きな考え方ができるようになります。つらいことがあっても乗り越えていこうという気持ちになれます。S男さんもK子さんといると同じような気持ちになれます。

このような状態の時、ご主人にとってK子さんは、「醜い心と顔を持った中年の女」という意識しかないでしょう。人間はいくら美人でも、醜い心が目につくと必ず顔も醜く見えるようになってしまうからです。

それに対して、S男さんの方は、K子さんはどのような逆境でも微笑みを絶やさないで生きられて、そして人に素直な気持ちや温かな安らぎをもたらす最高の女性という印象を与えられることでしょう。

如来である釈迦の意識を持てれば、すべてを理解し、すべてに耐え、すべてを良い方向に持っていける力を発揮できるのでしょう。しかしその境地までは長い道のりです。その道を歩いている過程だとしても、今の自分を守る為には、人間関係を自分から選ぶことも必要だと思います。

人間関係を、プラス・マイナスで考えた場合、ひとつ言えることは、相手と向き合った時に、相手もマイナスの気を出すだけでなく、自分もマイナスの気を出してしまう時、それも相手を理解しようと努めても、その状態がいっこうに変わらない時は、その人間関係を一度切ってしまうことを考えてもいいと思います。また、一度切ったことによって、かえって相手に優しくなれ、寛容な気持ちで接触していけるようになるかも知れません。相手もまた同じように変わるかも知れません。また、自分は相手と向き合うとマイナスの気を出してしまうが、相手はプラスの気を出してくれる時は、もし自分が病気にならないでうまく対応していけるなら、人生修行と思い向き合う相手と一緒にいることも人助けになります。

人間関係というのは、このように自分が向き合う相手によって、お互いに天使にも、悪魔にもなる要因を秘めていると思います。生涯、天使で生きられた人は大変なことがあっても幸せな人生と言えます。また、悪魔になるような人間関係の中で生きた人は本当に気の毒な人生であったと思います。もちろん、人間関係によって左右されない人生を生きられるにこしたことはないのですが、それはまた時間のかかる道のりでしょう。せめて自分の判断で、天使になれる場をたくさんつくるように努力すべきだと思います。それが、自分の人生に光りを灯すことになります。

12 物事を考えるときの視点について

ここでは、視点の整理つまり物事を見る角度のようなものについて3つほど、述べてみます。これは私たちが、円滑な社会生活を営む上でとても大切なことです。

○帰納法と演繹法について

（1）一番目に、物事を考える方法としての、①帰納法《きのうほう》と②演繹法《えんえきほう》から説明していきます。

①　帰納法：多くの具体的な事実のデータから、一般的な原理を導き出す方法。

②　演繹法：一般的な原理をあらかじめ前提にしておき、そこから個別的な場合を推論する方法。

帰納法の例から挙げてみます。直子さんがどのような人か、人間的な特性という原理を知りたい時に、たくさんのデータを集めます。

例えば、直子さんが交差点で、見ず知らずの目の不自由な方の手を引いて誘導していた、直子さんは自分の身を惜しまず不幸な人の為にボランティア活動をしている、直子さんは決して人に嫌な思いをさせることがない、直子さんは東北で地震があった時に被災地に救護活動に行っていた……

このような多くの具体的な事実から、直子さんは他人の為に生きる、他人の苦しみの分かる思いやりに溢れている人だという一般的な原理を引き出します。これが帰納法による考え方です。

これに対して演繹法の場合は、最初から、直子さんは他人の為に生きる、他人の苦しみの分かる思いやりに溢れている人だという一般的な原理を引き出し、それを前提に直子さんの行為を推論したり、あるいは行為を解釈します。

例えば、大きな悩みを抱えている人から相談を受けることがあれば、上で断定した直子さんの特性から、直子さんは必ず親身になって相談にのり、援助の手を差し伸べるだろうと推論します。

また直子さんが、明子さんの頭をぶったという事実を目撃した時に、直子さんは思いやりに溢れた優しい人だから、それは蜂とか毒蛾が明子さんの頭に来たので、傷つくことを避けるために蜂や毒蛾を追い払う行為だったのだ、というような具合に推論するのが演繹法です。宗教の教えというのは、最初から「これこれこうなんだ」という演繹法に立脚しています。

（2）次に、物事をとらえる時の視点として、４つの場合を挙げてみます。別に４つに必然性があるわけではありません。

①～④のそれぞれに特徴がありますが、もし分析という行為をする場合は①では無理です。なぜならば全体の構造が把握できないと分析はなし得ないからです。

また全体を把握できる場合と、全体を把握できない場合とでは物事の理解や意思決定に大きな違いを生じてしまいます。例えば、A子さんが同じ職場のB子さんから徹底的に無視されたとします。

そして仕事でも、わざわざA子さんが失敗するように書類を隠したり、また根拠のない陰口を言っていたとします。

①花子さんは同じワクの中にいる。目線を同じくする
花子
相手の主張の内容がよく分かる

②花子さんはワクを離れ高いところからワクを見ている
花子
物事を客観的にとらえられる

③花子さんは高度12000メートル位のところから見ている。ワクは視界の一部になっている
花子
物事を俯瞰できる

④花子さんは宇宙から地球を見ている
花子
物事を神の眼でとらえられる

①では、A子さんはB子さんに、怒りと憎しみを抱くだけのことが多いでしょう。時には仕返しをしてやろうと思うかも知れません。

②では、その場から離れて見ていますので、「なぜB子さんは私に、あのような態度をとるのだろう。何か原因があるはずだ。まずそれを確かめよう」というように、客観的な、冷静な態度で事態を分析できるでしょう。その原因が、実は同じ職場で働いているB子さんが好きな太郎君が、A子さんを好きで、それが極端に仕事場でも態度にも出ていたというように、原因が分かれば対策を立てることもできるでしょう。

また人は、ある行為の意味を知り、それを理解できれば寛容になれる存在だと思います。理解するということは、多くの場合、この②の立場に立つことを意味するのではないでしょうか。

こうした観点から、休養や休暇というのは、物事をワクの外から認識させてくれる効果があります。

③では、飛行機の高度くらいの高さから見ていますので、②の場合よりも、もっと寛容な、大きな眼でB子さんへの同情のようなものも含ませて、分析そして対策が立てられることでしょう。ただこの場合はあまりにも現場から離れていますので、原因が必ずしも詳細には分からないまま、ものの見方だけ大きくなるということもあるかも知れません。

④では、もっと大きな優しい眼差しで、B子さんの行為を許す眼が持てるでしょう。しかしまた、「そんなことどうでもいいよ」みたいなアバウトな見方になってしまうかも知れません。

初期の宇宙飛行士たちが、地球に帰還した後の生き方というのは、そうした意味ではとても興味のあるところです。彼らは、④からつまり地球という全体を宇宙から見ることができた人間だからです。

立花隆さんの『宇宙からの帰還』という本で、立花さんが宇宙飛行士にインタビューをする中で「宇宙飛行士たちの宇宙における体験の話を繰り返し聞いているうちに、私は宇宙飛行士とは〈神の眼〉を持った人間なのだということに思いあたった」と述べているところがありますが、全体を見ることで彼らのものの見方が大きく変化したのは事実です。

例えば、エド・ギブソンという宇宙飛行士は、元々ルーテル派の教会に通っていた人ですが、宗教について次のように述べています。

「あらゆる宗教が神とはいかなる存在で、かつ彼がいかにしてこの世界を作ったかを詳細に語っている。しかし、宇宙で私が感じたのは、そんなことはどうでもいいじゃない

かということだ。宗教の細かな教義などどうでもよい。目の前に宇宙は美しくある。それだけで充分じゃないか。その美しさにただ堪能せよ。他のものはいらない。だいたい細かい教義が、真理か否かなどわかるはずがない。そういう感じだ」

もののの見方が根本的に変わったといえるでしょう。

このような考えは多くの宇宙飛行士が述べています。

また、やはり宇宙飛行士のエド・ミッチェルは、国境とか、宗教観の対立について次のように述べています。

「他の人の場合はともかく、私の場合はこういうことが影響があったろうと思う。宇宙船の窓から見ていると、ものすごいスピードで地球が目の前を回転していく。何しろ90分でひとまわりしてしまうのだ。いまキリストが生まれたところを通りすぎたと思ったら、すぐにブッダが生まれたところにさしかかっている。国の数と同じくらい多くの宗教や教派がある。どの宗教も地球から見ると、ローカルな宗教なのだ。

それぞれの地域が、これこそ我々の精神的指導者、指導原理と仰ぐものを持っているが、それはそれぞれの地域では、もっともらしく見えても、宇宙から見ると、それがほんとの普遍的指導者、指導原理であるなら、そんなに地域々々でバラバラのはずがない

と思えてくる。何かもっとローカリティを抜きにした共通のものがあるはずだと思えてくる。宇宙から地球を見ると、人為的な国境線というものを全く見ることができず、この下で百幾つの国家が分立して互いに対立抗争しているというのが、全くこっけいに見えるのと同様に、諸宗教間の対立がバカらしく見えてくるのだ」

現在の民族紛争やナショナリズムがいかに意味のないものかを、エド・ミッチェルの言葉は教えてくれているように思います。

また内面の変化にとどまらず、宇宙飛行士たちは以後の職業選択など外的な変化も特徴的です。

例えば、アーウィンという飛行士は、宇宙体験の後、伝道師になっています。またアポロ15号のアル・ウォーデン、アポロ16号のチャーリー・デューク、スカイラブ4号のビル・ポーグの三人もこの伝道活動に参加しています。アル・ウォーデンは、それまで文学に親しんだことがないのですが、月から帰ってから宗教的な詩を書くようになりました。

これだけをみても、宇宙から地球全体を見るという経験がどれほどものの見方に大きな変化を与えたかが分かります。

理想は、この４つの見方がバランスよくできるということではないかなと思います。

（3）また問題を分析したりする時には、次の5つの視点に分けて考えると整理しやすくなります。

個人

社会

国家

世界

地球

ひとつ介護保険から例を挙げてみます。介護保険法は2000年の4月から実施されました。なぜ介護保険の制度が採り入れられたのでしょうか。

これは、国家とか、社会とかあるいは個人というように、どの立場から見るかで、介護保険を採り入れた理由の観点が違ってきます。

ここでは二つの立場を上げてみます。

◎まず、「要介護者の増加、介護期間の長期化、自宅で介護する人が高齢になっていることに加えて、介護する90％が女性であり苛酷な負担になっていること」の現状から、家族の負担には限界があり、社会全体で負担を分担するために介護保険が導入された。

これは、介護保険制度を個人、社会という立場からこの制度の理由を述べているものです。

◎二つ目の立場は、

①このまま高齢化が進み、福祉費の膨張が避けられない以上、国民に新たな負担を求めるしかない。しかし増税、とくに消費税の引き上げは国民の反発が大きすぎるので無理がある。

②むしろ社会保険という形で国民に負担を求めよう。保険料なら自主財源になり、厚生労働省は、財務省に気をつかうこともない。

③このようにすることで、家族の介護からの負担を減らし、また保険システムの導入により、政府の負担を極力回避できる。

これは、政府はこのような意図で介護保険を制定したのだろうという国家の立場からの見方を述べています。

もうひとつ上げておきます。

「死刑執行が二週間後に迫ったある死刑囚が、急性腹膜炎ですぐに手術しないと生命の危険が切迫していました。この死刑囚に手術をすべきでしょうか」

これを上に当てはめて考えていくとどのような結論になるでしょうか。

①個人　個人のレベルでは、死刑囚本人を取り上げてみます。死刑囚本人の立場に、道徳面を入れると、死刑囚になるような人は、もともとひどい環境で育ち、本人も人間らしい扱いを受けてこなかったのではないか、手術をすることにより、自分の命が大切にされていることを自覚することを通して、自分の犯罪行為を本当に後悔するという意識が生まれてくるのではないか。そうならば、手術をするべきである、というような主張が考えられます。

②社会　社会という立場に、経済という面を入れますと、国民の税金をあと二週間経てば間違いなく死ぬ犯罪者のために使う必要はないだろう、という主張が考えられます。またもし①の道徳面を社会のところに持ってきましたら、道徳的には死刑囚といえども、たとえ二週間でも命を保つべきだという結論になるでしょう。

③国家　国家という立場に法律という面を入れて考えますと、国家は法律に基づいて死刑囚の死刑を執行する義務があるのだから、法に基づく義務を果たすためにも、まず手術

をすべきであるという結論になるでしょう。また国家に財政という面を入れて考えますと、国家は余分な支出をするよりもまじめに生きている国民のために、国家の財政を使うべきであり、そう考えると否定的になるでしょう。経済面は、社会のところでも述べましたが、社会ではあくまでも社会的利益という立場からの結論であり、国家では国家の利益という面からの結論であるところに違いがあります。

また環境汚染やオゾン層破壊の問題となりますと、世界、地球レベルでの見方も出てくることになります。

このように、問題を分析するときは、個人、社会、国家、世界、地球またそれにプラスして道徳、経済面などを入れた視点から分析できるようにしておきますと、問題点がきちんと整理でき、論理的思考ができるようになります。

13　すべてが変わりゆく

今日は
昨日ではない
明日でもない

この言葉は、人のこころ変わり、身勝手さなどに苦い経験をした私が、自分のこころを安定させるために書いたものです。いつもこうした体験をすると、自分に非はなかったのか、相手のおかれた状況はどうなのかなどを分析して、自分の言動をあらためるきっかけにしたり、相手の性格や環境などを理解するようにしています。そうした上で、人のこころは変わるものだと自分に言い聞かせ、何があっても静かに受け入れようという心構えを持つようにしています。

また、人のこころが昨日と違い今日は変わってしまうということだけでなく、この世のことはすべて昨日と同じではない、今日は変わってしまうのだ、明日もまたさらに変わるかも知れないのだということも教えられました。

俵万智さんの短歌に

手紙には愛あふれたりその愛は
消印の日のそのときの愛

という歌がありますが、このような男女の仲だけでなく、この世の人間関係は、こころの変化の無限の繰り返しが行われているように思います。そうした変化が、裏切りとか、恩知らずとか、つれないというような言葉を生むのでしょう。また、こうした人のこころへの信頼のなさが、絶対に変化のないものを人に求めさせるのでしょう。

さらに、人のこころに限らず、この世の諸々のことはすべて変わっていきます。建物が老朽化していくだけでなく、人も歳をとっていきます。

変わっていくものにこころを痛めるのはしかたないことと思いますが、それでも、「心構え」があれば、こころに受ける傷は最小限ですみます。

いま自分に寄ってきてくれている人も必ず離れていくのだ、という心構えがあれば、離れていっても受ける傷は少なくてすみます。

とくに、利害関係で結ばれている場合は、その「利」がなくなれば手のひらを返すように離れていくでしょう。よく学校時代の友人に会うと安心するという言葉を聞きますが、それは利害関係が薄く、純粋に人と人との交わりができるからなのです。どんなにいいことを言って自分に寄って来てくれる人も、俵万智さんの、「消印の日のそのときの愛」と同じなのだと、予め自分に言い聞かせておけば、もし離れていっても受ける傷はそれほど大きくはなくてすみます。

哀しいことですが、すべては変わってゆくということをしっかり肝に銘じておく必要があります。

14 小さい罪に悩むより利他愛を実践しよう

○罪を犯さないことよりもっと大切なこと

罪というのは、してはならない行為を意味します。それでは、「何が」してはならない行為なのでしょうか。近代の法治国家では、この「何が」を法律で定めています。例えば、刑法という法律では、「人を殺す行為」「人を傷つける行為」などが「何が」に入ります。

もし、利他愛という基準でいくと、「人を生かす」ということが「何が」に入るでしょう。また、人を生かすと言っても、例えばA子さんと、B子さんが海で溺れているときに、C男さんが一人分の救命具しか持っていない時、C男さんはどうしたらよいのでしょうか。これは極端な例ですが、日常生活においても同じような形で衝突する場面はいくらでもあるでしょう。

また、人の為に良かれと思ってなしたことが、結果的にマイナスの形で出てしまうということも誰もが経験していることでしょう。

「何が」のところに、旧約聖書にあるモーセの十戒の幾つかと、釈迦によって説かれた五戒を入れてみます。

ⅰ安息日を覚えて、これを聖なる日とせよ。

ⅱあなたの父と母を敬え。

iii あなたは殺してはならない。
iv あなたは盗んではならない。
v あなたは隣人について偽証してはならない。

（モーセの十戒より）

i 生き物を殺してはならない。
ii 他人の財産を盗んではならない。
iii みだらなことをしてはならない。
iv 嘘をついてはならない。
v 酒を飲んではならない。

（五戒より）

しかし、これらの戒律を守ることで、本当に「神は愛なり」の実践になり、あるいは涅槃（仏教における理想の境地）に入ることができるのでしょうか。

例えば、嘘をついてはいけないとありますが、末期がんで子どもがあと三カ月の命と医師から宣告された両親が、「必ずよくなるからがんばろう」と小さな子どもに言うのは許されない嘘になるのでしょうか。冷厳に事実を告げることが、正しいことなのでしょうか。倫理や良心という見地から到底是認できないことを、このように書いてあるからと言って、平然と非人間的なことをする人がいるのは残念なことです。

それでは、モーセや釈迦は、なぜ人々にこのような戒律を説いたのでしょうか。おそらく当時の無学文盲の人々に教えを説くには、具体的な例を挙げて説明するほうがより効果的であると考えたからでしょう。けれどもこれらの戒律は、あくまでも一つの目安、基準でしかありません。キリストや釈迦が、これらの戒律を通して言いたかったことは別にあります。

モーセの十戒の中に、安息日を設けよという戒律があります。この日は一切の活動をしてはならないと解釈されていました。このことに関して、マタイによる福音書に、次のような興味深い箇所があります。

「イエスはそこを去って会堂に入られた。そこに片手のなえた人がいた。そこでパリサイ人はイエスに質問して『安息日にいやすことは正しいことでしょうか』と言った。これはイエスを訴えるためであった。イエスは彼らに言われた。『あなた方のうち、誰かが一匹の羊を持っていて、もしその羊が安息日に穴に落ちたら、それを引き上げてやらないでしょうか。人間は羊より、はるかに値打ちのあるものでしょう。それなら、安息日によいことをするのは正しいのです』。それからイエスはその人に、『手を伸ばしなさい』と言われた。彼が手を伸ばすと、手は治っていて、もう一方の手と同じようになった」

この話を通して、形式的解釈の無意味さを、イエスや釈迦が本当に言いたかったことは、実は個々の戒律の彼方にあるのです。イエスは自ら示しているのです。

なぜ嘘をつくことを戒めたのでしょうか。それは、嘘をつくことで相手との信頼関係が崩れるからです。相手との信頼関係が崩れたら、到底「他者を生かす」ことなど不可能です。

このことを無学文盲の人々に伝える手段として、嘘をつかないようにと語ったのです。このようにみてきますと、自分のエゴや、自分を飾る為の嘘は許されませんが、相手を生かす為の嘘なら許される場合があると思います。そうしますと、先ほどの「必ずよくなるからがんばろう」と小さな子どもに言うのは許されることになります。

このように一つひとつの戒律を吟味していきますと、真に重要なことは、「人を生かす」というところに帰着することになります。

人を生かすということと、自分が罪を犯さないということがぶつかってしまった時、どちらを優先させたらいいのでしょうか。

例えば、川で溺れそうな人がいて、その人を助ける為に、他に適当なものがなくある家の物干し竿が目に入りました。その家には誰もいなかった時、それを持っていくのは盗みになると思い持っていくのをやめたのと、人の命を助ける為に、盗んではいけないという戒律を破るのとどちらの考えを支持しますでしょうか。おそらく後者だと思います。戒律を形式的に守るということは、時に怖いほどの非人間的な行為に走ることがあります。

自分が罪を犯すことを恐れずに、もう一段高い利他愛の世界を見据えて行動すべきではないでしょうか。

自動車は走れば走るほど汚れまた傷もつくでしょう。ガレージに入れておけば、いつまでもきれいなままかも知れません。しかし、それでは何の為の自動車かということになってしまいます。

人間も一生懸命生きようと、努力すればするほど傷つき、また罪を犯していくこともあります。罪を犯すことを恐れず、「人を生かす」という大きな目標に向けて、ひたすら走り抜く人生こそ、意義のある生き方ではないでしょうか。

○罪の意識を持てる人は幸い

自分が罪を犯すことを恐れて何もしないより、利他愛に生きる大切さを述べましたが、これは、だからといって罪の意識の感覚を麻痺させてしまえということではありません。

罪の意識があるからこそ、人はきちんとした反省ができるのです。反省できるということは、神が人間に与えてくれた大きな恵みだと思います。

しかし、今日の社会はその基準が法律上のものにしろ、人間の倫理や良心に基づくものにしろ、罪の意識が薄れている時代のように思います。とくにインターネット社会になってからは、匿名性の誹謗や中傷が後を絶たないようです。法律でも、平成14年に「プロバイダ責任制限法」が制定されました。内容は、インターネットや携帯電話の掲示板などで誹謗中傷を受けたり、個人情報を掲載されて、個人の権利が侵害されるなどの事案が発生した場合、プロバイダ事業者や掲示板管理者などに対して、これを削除するよう要請し、事業者側がこれらを削除したことについて、権利者からの損害賠償の責任を免れるというものです。また、権利を侵害する情報を発信した者の、情報の開示請求ができることも規定しています。

目に見えないと、人間の加害行為は増幅していくのでしょうか、このような行為は人として最低の行為であるという意識を、社会自体が築き上げていく必要があると思います。

また法律で規制されていない道徳的な意識も低下の一方のように思います。資本主義という、相手を引きずり落とすことが正当化されている社会で、「思いやりの気持ちがどうして育つのか」と、疑問を提起される方がいるかも知れませんが、現状を踏まえつつどうしたら少しでも前進できるかを考えるべきだと思います。

例えば、いじめの問題ですが、強いものが弱いものを踏みつけることが合法とされている社会で、これを根本的に解決することは困難でしょう。しかし、学校教育に倫理や道徳を導入し、さらに政治や経済の指導的な立場にある人々が、私利私欲ではなく、真に国民の為に尽くし、そこから公平さや正義を重んじる風潮がつくられるならば、弱いものをいたわるという意識が少しでも育つのではないでしょうか。

「罪の意識」を持てない人は、不幸な人でしょう。おそらく神から遠く離れたところにいる人だと思います。なぜなら、罪の意識がなければ反省がなく、反省がなければ心の浄化作用も働かないからです。

トルストイは、1882年の1月に行われた国勢調査に参加したとき、初めて大都会の貧民を間近に見ます。その印象はあまりにも恐ろしいもので、彼はその悲惨な光景を友人に話しながら、「**あんなような生活をしてはならない、あんなことがあってはならない**」とすすり泣きながら語ったと言います。このことについて、ロマン・ロランは次のように述べています。「**それは……彼の熱情的な心の善良さから、貧民たちの苦しみと下賤さとの責任が自分にもあるように思えたからである。貧民たちは彼も享有している特権を持つ文明の犠牲者たちであり、選ばれた階級が数百万人の人間を犠牲に供して得ている、あの奇形な偶像の犠牲者であった。こういう犯罪の恩恵を受けるということ、それはその共犯者になることであった。その犯罪を告発しない限り、彼の良心には休息がなくなるのであった**」

「罪の意識」にはさまざまなものがあるでしょう。自分が相手を直接傷つけてしまったことに対する罪の意識、自分が語った一言が原因でつまはじきされてしまった人への罪の意識、そしてまた、トルストイのように、見ず知らずの人々の貧困に対してまでも感じる罪の意識もあります。

罪の意識に敏感な人は、それだけ苦しみも多いと思いますが、それだけ神に近い人なのでしょう。

○罪を犯すことを恐れずに生きる

罪を犯さずに生きてゆくことは不可能なことでしょう。

環境ゆえに犯す罪もあります。ゆがんだ心ゆえに犯す罪もあります。良い心を持っていても犯してしまう罪もあります。

それでもいつも、自分の内なる声を一方において、自分の罪を見つめ、そして反省し、また歩き続けていきましょう。

罪を犯すことにびくびくして生きるより、「人を生かす」という地点に心の照準を合わせ、歩き続けていく人生でよいのではないでしょうか。

どんなに遅い歩みであろうと、一つひとつ自分自身の人間性を高めていく努力こそが、人に与えられた使命のように思います。

どんなにささやかな実りであろうと、そうした努力を続けた人と、自分を振り返ることもなくただ人生を生きた人との間には大きな溝ができてしまうでしょう。

イソップ寓話の中の、「アリとキリギリス」の話は、その意味で含蓄深い教訓を私たちに教えてくれています。冬に備えて一生懸命準備をするアリたち、それとは逆にそんなアリの姿を嘲笑し、毎日ダンスや歌にキリギリスは明け暮れます。しかし、確実にやってきた冬の中で、キリギリスには住む家も、食べ物もなく途方に暮れます。

生まれてきた意味を問うこともなく、ただ楽しみや快適さを求めて生きる人生、神の目から見る時、このことが、実は人間の大きな罪のように思います。

15 ワクワクする感情をたくさん持とう

バシャールという不思議な存在の方がいます。オリオン座の方角にある惑星「エササニ」に住む宇宙人ということです。１９８０年代からアメリカ在住のチャネラーであるダリル・アンカを通じて世界中にスピリチュアルメッセージを伝えています。

☆ダリル・アンカ（Darryl Anka）バシャールとの同意のもとに、そのチャネルとして活躍。１９８４年以来、バシャールを通して世界中でセミナーを行う（初来日は１９８７年）。その伝説的なメッセージは数々のスピリチュアルなコンセプトを提供。今もその輝きを失っていない。
☆バシャール（BASHAR）地球時間で３０００年後の惑星エササニの多次元的存在。「ワクワクして生きる」というコンセプトが、「無条件の愛」の波動と調和した本当の自分自身でいる状態をわかりやすく伝えるために使われるメインメッセージ。（VOICEの著者解説より引用させて頂きました）

このバシャールは、この本の、「運命と自由意志」のところでも述べていますが、「人は自分が与えたものと同じものを受け取る」という言葉を述べています。真理というものは普遍的なものだと、あらためて教えられます。

ワクワクというのは、とてもユニークな表現だと思います。私たちが、ワクワクという言葉から連想するのは、「冒険」というイメージではないかと思います。しかし、このイメージをさらに拡げて、利他愛の感情とワクワクが結びつくと素晴らしい効果を発揮できるように思います。例えば、利他愛は、自分の感情を抑えて、相手が明るくなれるように振舞う努力を要求します。このとき、ワクワクという感情を込めてできたらどんなにか相手は心を開くだろうと思います。

また、ワクワクの気持ちを豊富に引き出す為に、「I want to ～」をたくさん抱くといいと思います。例えば、「私は環境を克服したい」「良い書物に出会いたい」「自分をプラス志向にする経験を重ねたい」というように、たくさんの「I want to〜」を心に抱くのです。そうするとワクワク感は大きく拡がっていくと思います。

これらの事柄について、実際にカウンセリングをしていたA子さんの例を紹介したいと思います。

A子さんは、異常なまでの神経質と几帳面さを持っていました。またマイナス志向の最たるもので都立高校を中退していました。精神科の薬も服用していました。そのA子さんが、次のような考えへと徐々に変化してくれました。口頭で述べてくれたものを文章にしました。

i 「私は環境を克服したい」

ソクラテスは、人間が無知であるということを知ってひとつの精神的な解放を得たという。私もいま、自分が環境という制約の中で生きてきたことを理解できたので、これからは環境の呪縛から逃れられるように思う。少なくとも、私の中では、I was born by my intention. つまり、私の意志で生まれてきたのだ、という意識になってきたと思う。

また、自分が嫌だと思っていたものも、見方によっては良いものとして受け入れられるということも知った。私の神経質で、悲観主義で、几帳面であるところも、いい加減な生き方よりもベターなのだという意識に徹したいと強く思う。私の性格は遺伝によるものではなく、後天的なものだと思う。現在の私は、環境に呑みこまれて生きる人だけでなく、環境に呑みこまれないで生きる人も存在することを知った。だからこれからは、環境に左右されない自立した自分をつくりたいと思う。

ii 「私は良い書物に出会いたい」

良い書物は自分を変えてくれる力を持っているように思う。落ち込んでいる時や、劣等感にうちひしがれている時に勇気や、ものの見方を変えてくれる何冊かの本に出会えた。三木清の『語られざる哲学』もその中の一冊である。この本は偉大な哲学者と評価されている人の心の葛藤や考えたことなどが書かれているが、「このような人でもこんなことに悩んでいたのだ。私と同じことで悩んでいたのだ」と知った時、なぜか心がとても軽くなった。また三木清が、「人間にとって大切なことは、素直さと愛と夢です」と書いてあるところを読んだ時、このようなことを言える人が存在していることに驚いた。自分は変われそうな気がした。

「変わってやるぞ」と思えた。何かワクワクした感じが出てきた。

この気持ちをこれからも持続していきたいと思う。そのためにも、これからたくさんの良い本と出会いたいと思う。

iii 「自分をプラス志向にする経験を重ねたい」

私は、ひとつの事象がその人のとらえ方によって、マイナスにもプラスにも転化しうるということを知った。例えば、私のいとこが今年交通事故に遭い、本人は打撲して、車は廃車ということであった。

私なら、「何で私が、このような目に遭わなければいけないのだろう」と、愚痴や不平を言ったことだろう。しかし、そのいとこが、「体がこれだけの打撲ですんで良かった。もしシートベルトをしていなかったら死んでいたと警察の人に言われた。良かった、感謝している」と語ったのには驚いた。

交通事故ひとつとっても、とらえ方によって暗い気持ちにも、前向きな明るい気持ちにもなれることを知らされた。私も、これから経験を重ねていく中で、自分を前向きにさせる見方をつくりあげていきたいと強く願う。

私はこれまで、高校を中退したことをとても後悔していた。自分の人生の汚点とまで考えていた。この先の人生で大きなハンディになるのではと、いつもビクビクしていた。

でもこれからは発想を転換することにした。「このような貴重な経験ができたのは良かったのだ。人と違うことができたから、人の気持ちもより分かるようになるだろう。また、私と同じような道を歩いている人の励みになるように、自分が道を切り開いていこう」と考えるようになった。そして私は、これからのすべての経験をプラスにとらえられる人間になりたいと願っている。

ⅳ「たくさんの出会いを重ねたい」

私の人間形成に大きな要因となったものは、確実に、人との出会いである。出会いは偶然である。しかし、その人と出会えるか、出会えないかは、ひとえに私の側の力量にかかっている。つまり私が、どのような素晴らしい人と出会っても、その人の素晴らしさが理解できなければそれで終わってしまうのだ。おそらく私はいままでに、たくさんの本当は素晴らしい人との出会いを、その人の価値が見極められなくてパスしてきてしまったのだろう。私が幼稚園生で、相手が高校や大学の先生だとしたら、その先生の良いところ、吸収すべきところなどまったく見過ごしてしまうだろう。

だから初めに必要なことは、自分の器づくりである。たくさんの知識を身につけ、考え方の多様性、的確な視点のとらえ方を学びたい。そしてそれを携えて、たくさんの人と良い出会いを持ちたいと思う。そうすれば、自分を磨ける。いつかその夢の花を咲かせたい。

v 「言葉によって人を生かしたい」

「人は言葉によって生かされている」、何度もこの言葉を噛みしめている。自分が苦しい時、自分を救ってくれたのは母の言葉であった。また、小学校の時、自分が目の色を変えて算数や国語の勉強に打ち込めたのは、担任の宮本先生が、「お前はやればできる」という言葉をかけてくれたからだ。

また、達成できない完全主義に悩み、落ち込んでいる時に自分をがんじがらめの呪縛から解き放ってくれたのは、「がんばらなくていい、もう十分にがんばってきたよ」という弟の言葉だった。

言葉については、「沈黙は金である」とか、「たった一言が人の心を傷つける、たった一言が人の心を温かくする」とか、いろいろな格言や諺があるが、それだけ人に与える影響が大きいということなのだろう。私はこれまで言葉によって随分救われてきた。友人の何気ない言葉の中にも安らぎや、勇気を与えられたことがある。

今度は私が、言葉によって人を元気づけたり、勇気づけたりしたい。輝く言葉をたく

さん語り、人を励ませる言葉を語りたい。

Ａ子さんの変化は信じられないくらいのものでした。ほんの少しのきっかけで人は変えられるということも教えられました。

16

早死にする人と、長生きする人の違いは何か

人がこの世に生まれてくる目的は、自分の人間性、魂の向上にあります。そうすると、生きる時間というのはその魂が向上するのに必要な時間、期間ということになります。

行いの良い人が長生きで、行いの悪い人が短命であるというのはまったく根拠のないことです。ただ、短命の人というのは、暴飲暴食ですとか、身体によくないことをしている場合があり、そうしたところだけが強調されてしまったのではないかと思います。

良い人で短命の人もいますし、また長生きの人もいます。行いの悪い人で短命の人もいますし、かなりの長生きの人もいます。

ではなぜこのような差異が出てくるのでしょうか。これは次のような要因が挙げられると思います。

早死にの人

・生活習慣が乱れていたり、喫煙など身体によくないことをした。
・難病やがんなどにかかってしまう。
・予め決められていた。
・先天的な要因。
・他者に対する心が繊細すぎる、優しすぎる、このことが自分の身体を無理することにつながってしまう。

長生きの人

・規則正しい生活を送っている。
・他者の不幸に対して鈍感。
・人間的に歪んだ性格であるが、生きる強さを持っている。
・比較的他者に無関心でマイペース。
・おおらかな性格で他者の為に生きている。

このように分類してみますと、早死に、長生き、どちらが良い悪いは言えないでしょう。大切なことは、この世に生まれてきた目的を早くつかみ、意義のある一日一日を過ごしながら少しでも魂を向上させていくことが大切なことになります。

何年生きたかが価値があるかないかを決めるものではありません。どのように生きたかが価値を決めるのです。短期間の人生の時間でも魂の十分な向上があれば、その人生は意味があったと言えますし、いくら長く生きても、楽しいことだけに時間を費やしてしまい魂の向上がなければ、その人の人生は意味がなかったということになります。

17 自分の犯した過ちを償う方法はあるか

過ちの中身はさまざまでしょうが、おそらく最もつらいことのひとつは、過失で人を死なせてしまう場合ではないでしょうか。償う相手がもうこの世にいないので、償いようがないからです。

それから、自分の弱さゆえの過ち、例えば麻薬をまたやめられなかったというように、自分に向けられた罪の意識というものもあります。

過失で人を死なせてしまった場合、二つのことを実行すべきだと思います。

ひとつは、自分の身を削ってでも、困っている人や、助けを必要としている人に手をさしのべることです。

亡くなった人は、自分を死なせたその人の行動を見て、その人を許す心や、自分も愛の心を持つことの大切さを知らされ、自分の死を契機に自分を大きく変えられるきっかけを持つことができるからです。

また、もう一つは、心をこめた祈りです。

祈ることで相手の魂の成長を助けてあげることができるからです。

また自分の弱さゆえの過ちについては、自分の意志を強く持つことが基本ですが、環境を思いきって変えたり、人間関係を整理するなどして、内面よりも、まず外側の修正が効果的だと思います。

18　家庭内の人間関係をうまく築くには

Aという人が、Bという人の悪口を言っているとき、それを聞いたCは、Bにそのことを話してはいけない。

人間関係をうまく保つということ、これは共同社会で生きていくときに極めて大切なことです。

ストレスの多くは人間関係に原因があります。それなのに、相手への気遣いですとか、心配りが欠けていて、自分の被害性だけを強調される方が極端に多いと思います。

この例の場合、Cは、Bに不快な気持ちと、Aに対する敵意のような気持ちを起こさせ、CがAの言ったことをBに告げたということが分かると、AのCに対する気持ちもよくないものになります。

よくあるのが、嫁、姑の関係です。

◆妻の姑に対する不満

言葉にとげがある。自分の立場を理解しておらず、やることなすこと皮肉を言う。妻の実家の悪口を遠回しに言う。自分の身体を気遣ってくれたことはなく、夫の健康管理はきちんとしているかという話ばかり。

結婚式の時の妻の親族の批判をいまでもする。夫の弟のお嫁さんの自慢ばかりする。

■姑の嫁への不満

とにかく気がきかない、どうしようもない嫁、レベルが低すぎる。

実家も常識がない。向上心がない。料理もだめ。自分の友達に紹介できない。

姑も嫁も、このような不満を持っていました。そして、姑も奥さんも、こうしたことを、夫（息子）にかなりひどい言葉で話していました。

問題はその先なのですが、なんとこの夫は、正直が美徳と思ったのでしょうか、話している言葉も、内容もそのまま、妻の言葉は母親に、母親の言葉は妻に話してしまったのです。なにも起きないという方が不思議です。本当は、夫が、妻と母親のクッションとなり、相手の悪口、批判を伝えるのではなく、うまく嫁、姑の関係が築けるような仲介役にならなければいけなかったのです。

いつも思うことなのですが、お互いにもう少しの心づかいや、気配りがあれば、人間関係が崩壊することはなかったのにと思うことが、本当にたくさんあります。

19

言葉の大切さ、人は言葉で考える

○温かな言葉は人を救う

温かな言葉の一言に励まされ、反対に、心ない一言に傷ついたというのは誰もが経験していることでしょう。また、よく言われることですが、何気ない一言が人を救ったり、何気ない一言が人に決定的なダメージを与えてしまうことがあります。

言葉は力を持っています。向き合う相手をどれだけ思っているか、向き合う相手に人間として成長してほしい、幸せな生き方をしてほしい、もっと自分の持っている能力を生かしてほしい、このような気持ちが根底にあれば、相手を生かす言葉を発することができます。そのような気持ちが絶えず溢れていれば、勇気を与える一言を発することができます。また、何気ない一言でも、相手に勇気や、明るさを与えることができます。
反対に、この基本がないと、相手を傷つける一言を発してしまいます。

以前、カウンセリングに来られた30代の女性の方は、お姑さんとうまくいかないという相談でした。お姑さんの言葉には棘があり、いつも傷ついているということでした。それから、さらに話を聞いていますと、この女性もお姑さんに結構酷い言葉を言っていることが分かりました。そこで、その女性にまったく別の例を挙げて、このような言葉を言われたらどのように思うかと聞きましたら、「ひどく傷つく」という答えが返ってきました。

それで、そうした言葉を、あなたもお姑さんにぶつけているのですよ、と話しました。
結局、その女性も、お姑さんも、お互いに相手のことを良く思っていないので、それが会話の端々に出て来てしまうのでしょう。

思いは言葉にも、表情にも出てしまうものなのです。

私が、これまでに最も哀しかった一言は、以前新聞記事で読んだのですが、小学6年生の薬害による奇形児に向かって、同学年の子どもが、「お前なんか生きていてもしょうがない、早く死ね」と発した文章を読んだ時でした。言った子どもよりも、このようなことを言わせる競争社会の非人間性に怒りを覚えました。

暉峻《てるおか》淑子《いつこ》さんという大学の先生をされていた方がおられますが、この方が「教室の中の言葉」という文章の中で、次のように書かれています。

幼い時から周囲に強制される競争社会の中で、人間的な言葉による豊かな人格の成長がどうして望めようか。文学の好きなある小学校の先生は、給食の時間に、子供のために書かれた短い作品を、ごく短時間、読んで聞かせていた。聞いている子供もそうでない子もいるけれど、一切強制なしに好きな作品を読んだ。長い月日がたって、いつしか子供たちが攻撃的でなくなったことに気づいたという。

私たちの資本主義社会というのは、競争社会つまり、人よりも先に行くようにせかせられる社会です。誰かが必ず座れなくなるイス取りゲームの社会です。このような社会で、ハンディを負っている人や、弱者をいたわる心が本当に育つのかと、いつも疑問に感じます。また、温かな人間同士の触れ合いが本当に可能なのかと疑問に感じます。

哲学者のマルティン・ブーバーは、他者との関わりには、ひとつは、他者を自己の欲望充足の手段として扱う場、もうひとつは、他者を一個の人格として扱う場というように、二つの場があると分析しています。

子どもが小さい頃は、孤立しないように子ども同士の親は仲良くなります。学校では、友人をつくり、趣味や定期試験の勉強をいっしょにやります。しかし、これは基本的には自己の欲望充足の手段として交わり、時々は相手の為に何かをしますが、それも究極的には自己の利益になるという思惑があるのではないでしょうか。

○言葉と思考

言葉の方に話を戻しますと、言葉は強い力を持っており、それは人を生かす力にもなり、悪く使えば人を殺す道具にさえなります。ですから、私たちは相手が良くなってほしい、幸せになってほしいという思いやりの気持ちを込めて、言葉を語ることが大切です。

ただ、人を生かし、人に勇気を与える言葉は、豊富な語彙力《ごいりょく》があるとさらに力を強めることができます。語彙力というのは、たくさんの言葉を知っているということです。

暉峻淑子さんは、「教室の中の言葉」で大変重要なことを指摘されています。その部分のポイントを上げてみます。

Ⅰ　人は言葉を通して考える。ゆえに言葉が貧しければ、考えもまた貧しくなる。人は自分が持つ言葉の範囲でしか考えることができない。

Ⅱ　言葉が豊かであれば、考える力も増す。考える力は判断力につながる。ゆえに判断力は言葉の豊かさに大きく左右される。

Ⅲ　言葉によって、人は考えを育てられるのであり、他者から投げかけられる言葉は、受け取る人の世界観に大きな影響を及ぼす。

暉峻さんのこの文章は、大変格調の高い文章だと思います。とくに言葉と思考の関係は、しっかりと頭に入れておくべき大切なところです。

結局、人に温かな言葉を投げかけるには、相手を生かそうという思いやりの気持ちと、言葉をたくさん持つ、つまり語彙力を豊富にして、よく考え抜かれた言葉を語ることが必要になります。

☆暉峻淑子　埼玉大学名誉教授。１９２８年大阪府に生まれる。１９６３年法政大学大学院博士課程修了。専攻は生活経済学。政治、経済、教育、福祉などさまざまな問題について発言してきた。近年は、ユーゴスラビア難民を支援するＮＧＯの活動に精力的に携わるとともに、憲法と教育基本法を守る活動に力を入れている。著書に『ほんとうの豊かさとは』（岩波ブックレット）、『豊かさとは何か』『豊かさの条件』（以上、岩波新書）、『サンタクロースを探し求めて』（シリーズ〈グーテンベルクの森〉、岩波書店）など。

20 苦しみを克服するには

○苦しみはなぜ生じるのか

「苦しみ」とは、「期待していた物事が、うまく成就しないとき起きる感情」です。それでは何に期待するのでしょうか。

以前、幾つかのセミナーで、自分が人生で大切なことを二つ、以下の14個の項目から選んでもらいました。

①事業や仕事の成功　②自分の名誉・名声　③自分の命　④自分の健康　⑤お金
⑥人間としての誇り　⑦信念を貫く　⑧自分の心の平安　⑨自分の幸せな一生
⑩家族の幸せな一生　⑪愛する人の命　⑫人間関係の円滑さ　⑬すべての人の心の平安
⑭人類の幸せ

ほとんどの期待の内容は、この中にふくまれていると思います。私たちが、この人生において、最も求めるものは何でしょうか。アンケートでは、最後に残すものを二つ答えてもらいました。最後に何を残すか、これはかなり迷うと思うので二つにしました。

内容的にだぶっているものもありますが、ほとんどの方々が、自分の心の平安や、すべての人々の心の平安を二つのうちの一つに入れているのが印象に残りました。

そうすると、最後に残した二つのものが、うまくいかなかったりすると大きな苦しみになることでしょう。

この苦しみの原因と克服を釈迦はどのように考えていたでしょうか。

○釈迦は苦しみの原因をどのように説明しているか

何事にも動じることのない不動の心と、恐怖や心配事のない安らぎの状態、このような中で日々生きられたら、私たちの人生はもっと充実したものになるでしょう。

しかし、安らぎの心を奪うものや出来事が、この世にはたくさん溢れています。その一つが苦しみです。釈迦は、苦しみの原因を説いています。

釈迦は、「初転法輪《しょてんぼうりん》」において次のように述べています。初転法輪というのは、釈迦が初めて説いた教えです。釈迦はブッダガヤーで悟りを開いたあと、鹿野苑《ろくやおん》で、かつて共に修行した五人の友に説法をしますが、この説法を初転法輪と言います。鹿野苑は、ハルナ国の城北にあった園です。そこで釈迦は次のように語ります。

比丘たち、とうとい真実としての苦悩とはこれである。
つまり生まれることも苦であり、老いることも苦であり、
病むことも苦である。
憎いものに会うのも苦であり、愛しいものと別れるのも苦である。

欲求するものを得られないのも苦である。

つまり釈迦は生まれること、存在すること、死ぬことすべてが苦悩であるとしています。それでは、釈迦はこの苦悩をどのようにしたら取り除くことができると言っているのでしょうか。

苦悩から自由になる為に、釈迦は三毒という心の毒を捨てて、八正道《はっしょうどう》を実践することにより苦悩から脱出することができると説いています。

三毒とは、

①貪欲—物事に対する執着心。
②瞋恚《しんい》—怒り、憎しみ、怨みなどの憎悪の感情。
③愚痴—物事を正しく認識したり、判断したりできないこと。

愚痴は、言ってもしかたのないことを言って嘆くこと、という意味の使われ方が一般的ですが、仏教用語として、道理にあっていることといないことの区別がつかない愚かさの意味があります。釈迦はまずこの毒を捨て、そして八正道を実践することで苦しみを断てると説いています。八正道というのは次のものです。

ⅰ正見—正しく見ること。自己の立場を捨てて第三者の立場で、ものを眺めること。

ⅱ正思—正しく思うこと。相手の立場、相手の幸せを考え、調和を目的とした思い。

ⅲ正語—正しく語ること。言葉は、素直な心で、相手の心になって語り合うこと。

ⅳ正業—正しく仕事をすること。職業を通して人々との調和をはかること。

ⅴ正命—正しく生活すること。その為にまず自分のカルマを修正すること。

ⅵ正精進—正しい努力。理想実現の為に勇気を持って正しく努力すること。

ⅶ正念—正しく念ずること。

ⅷ正定—正しい瞑想。瞑想によって正しく集中、統一させること。

しかし、三毒を捨てて、八正道という実践もなかなか険しい道です。以前、カウンセリングやメールで扱った苦しみの例を、幾つか挙げてみます。

○苦しみの例と三毒、八正道

①せっかく就職できた会社なのに、何かにつけて自分に意地悪をする同期の女子がいる。私が上と言えば下と言い、前と言えば後ろと言う。もうただの底意地の悪い人間としか思えない。今日の昼間、意地悪された内容を思い出すと、怒りで身体が震えてしまう。

②○○という会社にやっと就職できた。しかし、会社に入ると総務部長に自分の言葉使い、態度、考え方すべてが気に食わないと言われた。会社に行くと思っただけでも冷や汗が出てくる。最後は、「お前がいること自体が不快なんだよ」と言われた。このままだと部長に何をするか分からない。

③女子高校で、自分のことを「臭い」とか「汚い」とか、「あんたがいるとうざい」と言われる。何につけても仲間外れにされる。みんなが自分の陰口をいつもしている気がする。もうこの状態に耐えられない。

④50代のサラリーマン、いま勤めている会社からいつ解雇されるか分かりません。子どもが三人いてみな学校に通っています。解雇されて生活ができなくなったらどうしよ

うかと思うと、胸が圧迫されます。夜も眠れないことがあります。

⑤今年、事務所を開業した夫が、膵臓がんの疑いがあると言われました。検査結果はまだ出ていないのですが、もしそうだった時のことを思うと苦しくて食事も睡眠も満足にとれません。

⑥主人が賭け事に手を出して十年になります。家もとうの昔に人手に渡ってしまいました。私の貴重品もすべて売り払われ、暴力もふるわれ、二人の幼い子どもを連れて区役所に相談に行きましたら、区が主人から離してくれることになりました。でも、もうこのまま離婚に踏み切りたいです。こんな地獄のような苦しみはいやです。

⑦二十年以上にわたって夫の言葉の暴力に傷ついてきました。こうした言葉を言えばどれほど相手が傷つくかという想像力を持てない夫は、自分の言うことだけが正しいと思っており、その時の感情を言葉に出します。救いは相手を傷つけるという意識がなく暴言を吐いていることですが、やはり自分にとっては死ぬほどの苦しみです。精神科の薬も増えています。

このような苦しみ、苦難に私たちはどのように向き合ったらいいのでしょうか。三毒と八正道の実践と言っても、なんとなく隔たりのようなものを感じませんでしょうか。少なくとも、これら①～⑦の事柄に、三毒と八正道の話をしても、たいした解決にはならないでしょう。

相談内容と、三毒の間に何かを入れる必要があります。何を入れたらいいでしょうか。最低、４つ入れる必要があると思います。

①ひとつは、相手の話を親身になって聞いてあげることです。自分の苦しみを理解して聞いてくれるということが、自分が縛られていた苦しみから、解放される安心感につながるからです。

②二つ目は、「物事を考える視点について」で述べましたが、現場から少し離れた高いところから、その人がいま置かれている状況を客観的に分析できるようにしてあげることです。これは、客観的な見方ができることにより、冷静に相手を理解できるようになるからです。

③三つ目は、「人と人との関係―良い人間関係をつくるには」で述べましたが、人間関係には、プラスの気をお互いに出せる、一方はプラスの気、他方はマイナスの気、お互いにマイナスの気を出してしまう、という3つの型があります。

お互いにマイナスの気を出してしまう時は、思いきって相手との関係を一度切ってしまうことです。上の②「○○という会社にやっと就職できた。」のケースでは、さすがにここまで来てしまいますと、会社をやめるようにアドバイスしました。

④最後に四つ目は、これが一番大切ですが、しっかりした人生観を持たせることです。人生観というのは、人生をおくる上での意味、目的、価値、手段などについての考え方です。人生の意味、目的、価値などの考え方を持っているのと、持っていないのとでは、どこがどのように違ってくるのでしょうか。

○人生観を持っている人と、持っていない人の違い

直子　人生観というのは、どのような意味なのですか。何か抽象的で漠然としているのですが。

真人　人生観というのは、人生をいかに生きるべきかについての基本的な考え方のことです。自分は何を目的に生きるのか、人生の価値をどこに見出すのかということです。

例えば、自分はこの天地そして人間を造った造物主の存在を信じる、またその造物主は人間が助け合って、思いやりを持って生きることを命じている。だから、自分はどのような時も、この造物主の意志に従って生きる、というような考えです。

直子　医学や、薬学の研究をされている方が、人類の苦しみを少しでも減らしたい、という思いを持って研究に打ち込んでいるのも人生観でしょうか。

真人　まさに人生観そのものです。

直子　そうすると、いまの資本主義社会の中で、自分たちさえ儲かれば、法に触れない限り、何をしてもいいと思って生きるのも人生観でしょうか。

真人　ひとつの人生観だと思います。ただ、それはキリスト、マホメット、釈迦や、人生に灯火を与えてくれた先人の意志に、大きく反することです。

直子　それでは、資本主義社会の中で、私たちはどのように生きればよいのでしょうか。商品をどのように売ればよいのでしょうか。

直人　自分が本当に良いと思う商品を、しかもそれを顧客が必要とするものであることを見極めて、適正価格で提供することが大切だと思います。

○資本主義と利他愛の関係

直子　一度考えたことがあるのですが、パン屋さんの商売をしている人のところへ、貧しくて餓死しそうな人が、パンをただでくださいと来たらどうしたらよいのでしょうか。また、もしあげたとして、同じような状況の人がたくさん来たら、どうしたらよいのでしょうか。

真人　僕も考えたことがあります。利他愛であるキリストの隣人愛や、釈迦の慈悲の教えから判断したらどうなるのかと考えました。

直子　結論はどうなりましたか。

真人　おそらく、その時々の状況によって違ってくると思うのですが、生計を維持するという点から、仕事でしているものだけは、お金をもらうという基本でいいと思います。

ただ、先ほどの、餓死しそうな人が目の前にいれば、まず商売物のパンをあげて、落ち着いたら福祉事務所なりに連絡をしてあげるのがいいと思います。また、その人に自分の店で働いてもらうなどというのも考えられたらいいなと思います。

それ以外の場では、できるだけボランティアでするか、あるいは実費だけをもらうというのがいいかも知れません。

直子　分かりました。確かに、何も基本となるものを持たないで生きるよりも、きちんとした人生観を持って生きれば、生き方や、考え方が違ってきますよね。ただ、どのような人生観を持つか、その内容も重要ですよね。

真人　その通りです。まさに中身が大切です。基本的に社会や、弱い人々の幸せに向けられた中身であるべきでしょうね。

本論にいきますと、人生観を持っている場合は、日々のささいな出来事や、言葉があまり気にならなくなります。理由は、人生の意味や目的を追求していたり、しっかりとした人生の意味や目的を持って生きている人には、人のささいな言葉がどうのとか、人に憎しみをいだいたりとか、小さなつまらないことが気にならなくなるからです。

人生観を持つということは、人間を寛容にしてくれます。

それゆえ、駅の構内で肩が触れたとか、触れないとかでむきになって争って、相手を傷つけたり、傷つけられたりすることもなくなるでしょう。

人生の意味や目的を追求すると、その人の日常の生き方や考え方を大きく変えてくれます。また、目的の中に、他者への慈しみが含まれれば、つまらない争いごとで憎しみが高まって、人を刺すなどということもなくなるでしょう。

○苦しみを幾つかの角度から分析する

ここまでは、釈迦の教えを基に、苦しみの種類、また現実の苦しみとの関係では、三毒と八正道の間に架け橋を入れるべきことを話しました。次は幾つかの角度から苦しみを分析してみます。

★主観的なものか、客観的なものか

もし主観的なものならば、その人のとらえ方ひとつで、苦しみは解消されるかも知れません。つまり、思い方ひとつで解決が可能ということです。前に挙げた例の、①、②、③、⑦は、主観つまり思いでの調整できるならば、それで解決が可能であると考えられます。

しかし、反面、思いによる解決ができないと一生続く苦しみにもなります。最悪の場合は精神疾患を起こしてしまうことになります。またもし、客観的なものであれば、物理的な解決が可能な場合もあります。前記の④、⑤などは、経済的な部分が充足されたり、健康で手術の心配がないということが分かれば取り除かれる苦しみでしょう。

★原因について、人間の手で解決可能なものか、解決のつかないものか

解決のつかない例を挙げてみます。あるセミナーの時に次のような質問を受けました。「無差別殺人などの被害は、その被害者に何らかの責任があるのでしょうか。あるいは、災害で死ぬ人たちは、その人に何か責められるべきことがあるのでしょうか」

こうした災難について、私たちは時に応報的な見方をします。応報というのは、そのような災難に遭う原因が被害者にあるという考え方です。苦難を因果応報ととらえる立場は、日本だけでなく諸外国においても最も多いとらえ方のように思います。因果応報ととらえるので、何か災難に遭遇すると、「何も悪いことはしていないのに、なぜこのようなことに」とか、「あんな良い子がなぜこのような悲惨な目に遭わなければいけないのですか」などという言葉がでてくるのでしょう。

因果応報の例をひとつ挙げます。クリスチャンの医師、山形謙二氏がアメリカの大学

病院に勤務している時に、一人の白人男性が検査の為に入院してきました。

胸部レントゲンには、左肺門部に腫瘍らしい陰影が映っていた。気管支鏡による組織検査の結果は、やはり肺がんでした。がんを告知された後、二、三日というものは、彼は失意のどん底に落ち込んでいました。

ある日、彼の病室に行きますと彼はポツリと、『神さまが私に罰を与えているのだ』と言いました。

『どうしてそう思うのか』と尋ねると、彼は次のように話し始めました。自分の両親は敬虔なクリスチャンで、大きくなるまでいつも一緒に教会に行っていた。ところが大学生になり、やがて就職すると、だんだん教会から遠ざかってしまった。今までは、自分の仕事と趣味に熱中していて、神さまのことはすっかり忘れていた。だから神さまが私に罰を与えておられるのだ……

山形氏によると、このようなとらえ方は、米国人社会一般にしばしば見られる考えであるといいます。

このような考えは、明らかに因果応報という思想が根底にあります。この、ある行為からある結果がもたらされるという因果応報思想は多くの文化に見られる現象です。また日本の刑法システムもこの応報原理が刑罰の根拠になっています。つまり、ある人が犯罪者として刑務所に入ったり、死刑になったりするのは、その犯罪者の行為に対する結果という考えです。

例えば、人を一人殺して無期懲役という判決が宣告されるのは、その犯罪者がまた同じような犯罪を犯す社会的危険性から収監されるのではなく、その犯罪者は、人を殺したことと等しい仕返し、仕打ち、応報を受ける為に刑罰を受けるという考えに基づいています。

また、このような考えは、社会正義という立場からも肯定されるでしょう。行為にふさわしい応報というのは、正義が要求する公平あるいは公正という要請に合致するからです。

また神仏の上に、「正義の」という修飾語をつけると一番ふさわしい形になるように思われます。つまり「正義の神様が罰を下された」、というようにです。人間の判断、思考を優先的に配慮する限りは、合理的なもの、理性的なものが第一義的な基準になるのでしょう。

正義の神や仏が支配している世界ならば、人の受ける苦難は悪しき行為に対する結果以外のなにものでもないという結論に至るのだと思います。

そこでは悪しき行為に対する苦難、苦しみは当然の結果ということになります。

また自業自得という言葉がありますが、これも自分で蒔いた種なのだから、不本意な結果を招来してもしかたないという解釈になるのでしょう。

しかし、このような因果応報を貫くことはできません。必ずしもそのような結果にはなっていないからです。世の中を見渡すと、さんざん悪いことをした人が、何億という富を蓄積し、得てして成功者として持ち上げられたり、また社会的な優遇を受けていられるからです。また無実の人が処罰を受けたり、本当に犯罪を犯した人が捕まらないで普通の生活を送っているなどということがあるからです。

おそらく因果応報がすべての結果を等しく招来するとしたら、この原理は世界や道徳を支配する原理になり得たに違いありません。しかし、現実は因果応報から程遠いところにあるように思われます。

私は災難や予期せぬ事故などについては、二つの要因があると思います。

i　一つは、被害者も事故を起こす要因をつくってしまった場合です。ここでは因果応報が当てはまります。例えば、若い女性が夜中一人で歩いていて犯罪に巻き込まれた場合などです。これは、被害者がどれほど良い人間と評価されようが、午前をまわった深夜に外に出ていくような行為に原因があると言えます。

ii　またもう一つは、被害者が原因をつくっているとは思われない場合です。つまり因果応報と関係のないところで被害を被ってしまった場合です。誰でもが行く、普通の繁華街を歩いている人にむけられた無差別殺人のような場合が挙げられます。これは偶然性の要素が強いでしょう。もちろん、そのような繁華街を歩いていなかったら被害に遭わなかった、その日にそこに居合わせたから被害に遭ったのは必然だ、という見方もできます。しかし、これは人間の良識的な判断からは受け入れがたいでしょう。

　ここから結論づけられることは、良くない事故や、事件を起こしてしまう可能性のある場所や、物事は避けるべきだということです。またそのようなことにどうしても、関わらなければならない時は、慎重に振舞うことが大切ではないでしょうか。

直子　しかし、事故や災難を覚悟で、あえて危険な場所や、渦中に身を投じる方もいます。このような生き方はどうなのでしょうか。

真人　心正しい生き方をしながら被った被害については、天の配慮があってそのようになったのではないかと考えるべきだと思います。世界の紛争地域に行き、銃弾に倒れたジャーナリストの方々がおられますが、動機が同じ方が多いです。

直子　どのような動機なのですか。

真人　大国が流す情報は真実でない場合があるので、現地に行って真実の情報を世界の人に伝えたいという動機です。とても崇高な動機だと思います。根底には世界平和の実現という思いがあるでしょう。

直子　みな、自分の生きる場を見つけ、そこで平和とか、人々の幸福の実現の為に懸命に活動しておられるのですね。これも立派な人生観ですよね。

真人　本当にそう思います。またこのような問題を考える時に浮かんでくるのが、アメリカの黒人解放運動の過程で暗殺されたキング牧師のことです。キング牧師は、I have a dream. という大変感動する演説をしていますが、虐げられた生活を余儀なくされている黒人を救う為に、自己の信念を貫いた人生を送る中で暗殺されました。天から与えられた使命をまっとうされたのだと思います。

話を続けますね。

次に災害の問題があります。

日本においても、外国においてもたくさんの災害が発生しています。こうした災害で命を失った方をどのように解釈したらよいのかという問題があります。

助かった人はなぜ助かったのでしょうか。善人だから災害を免れることができたのでしょうか。悪い人だから災害で死んだのでしょうか。

ひとつの答えとしてシルバー・バーチの説明に耳を傾けてみます。

「その犠牲者、これには別の観方があることを知ってください。つまり、あなたがたにとっては死は確かに恐るべきことでしょう。が私たち霊界の者にとっては喜ぶべきできごとなのです。

赤ちゃんが誕生すれば、あなたがたはよろこびますが、こちらでは泣き悲しんでいる人がいるのです。反対に死んだ人、は肉体の束縛から解放されたのですから、こちらは大喜びでお迎えしています。次に、これはあなた方には真相を理解することは困難ですが、宿命というものが宇宙の大機構の中で重大な要素を占めているのです。これは運命と自由意思という、相反する二つの要素が絡み合った複雑な問題ですが、二つとも真実です。つまり運命づけられた一定のワクの中で自由意思が許されているわけです」

また、息子が戦死した夫婦には次のように答えています。「**死は、死ぬ人自身にとって少しも悲劇ではありません。あとに残された人にとってのみの悲劇なのです。暗黒の世界から光明の世界へと旅立つことは悲しむべき事ではありません。あなたが嘆き悲しむとき、それはわが子を失った自分の身の上を悲しんでいらっしゃるのであり、自由の身となった息子さんのことを悲しんでおられるのではありません**」

このバーチの答えはある意味で衝撃的だと思います。

それは、私たちは、なぜ犠牲になった人のことを悲しむのかという点です。バーチは、死ぬ人自身にとっては悲劇ではなく、後に残された人にとってのみの悲しみと表現しています。

こうした視点も忘れてはいけない部分であると思います。

しかしまた、災害が人間の責任によって生じた人災の要因が強い場合もあります。したがって、災害からできるだけ人間を保護するように人間の側でも力を尽くし、その上で生じた災害は天の配慮として受けとめていくことが大切なように思います。

苦しみの種類と、苦しみを幾つかの角度から見てきましたが、実はこれらの苦しみは、すべて主観に基づいているとも考えられます。

★出来事のとらえ方は主観に帰着するのではないか

もしかすると、すべての出来事の苦しみの原因は、主観に帰着するのかも知れません。別の表現をしますと、主観のとらえ方で、苦しみは苦しみでなくなるのかも知れません。

例えば、ある人にとっては、苦難・苦しみであるものが、ある人にとってはそうではない場合もあります。これは、個人の性格差ということもありますが、いずれにしてもあることがAにとっては悲劇なのにも関わらず、Bにとっては悲劇ではないのです。ここには、主観的なとらえ方が大きく影響しているように思えます。

また、物事の視点、見方を変えることにより、苦難・苦しみを克服できるかということですが、これは充分可能です。

例を挙げます。クリスチャン作家の三浦綾子さんは、誕生の時、首にへその緒を巻いて、仮死状態で生まれたといいます。そして、二十歳を過ぎて肺結核にかかり、途中カリエスを併発して13年間病床に臥《ふ》されていました。その後結婚されましたが、心臓が弱く血小板減少症という病気もされています。また、その後、重症の帯状疱疹にかかり、失明も危ぶまれました。さらにその後直腸がんになります。

このような病気を経験されているので、世間の人からは当然予想される次の質問を受けることが多かったそうです。「信仰があるのに、なぜ病気をするのか」「何かに祟られているのではないか」「あなたは篤い信仰を持っているのに、神さまはなぜあなたを病気にするのでしょう。私は神が信じられません」。こうした言葉の攻撃の中で、三浦さんを支えた言葉はキリストの、「神のみわざが現れるため」という言葉であったといいます。三浦綾子さんは、次のように述べられています。


これらの言葉は、共に因果応報の思想に根ざしているのであろう。つまり、苦難がその人々にとっては罰なのである。罰だと思うからこそ、苦しみは二重の苦しみとなる。

こう思っている人々の中で、誰がイエス・キリストのような言葉を言えるであろうか、イエスは罰ではないと明確に答えられたのである。本人の罪の故でもなく両親の罪の故でもない。だから、罰ではない。ただ神の御業がその上に現れた苦しみなのだと、言われたのである。

私は最初この聖句を、13年の療養の中で読んだ。そして、どれほど大きな慰めを得、力を与えられたか計り知れない……

野村伊都子さんもまたその一人である。伊都子さんは若い日に、重症の腎臓結核にかかり、膀胱結核を併発、その激痛が夜も日も彼女を休ませなかった。そんな苦しみの中で、伊都子さんがしたことは、目の不自由な人のための点訳であった。その姿はどれほど多くの人を力づけたことか。やがて人工膀胱をつけ、健康人の生活に戻ることが出来た。が、その後肝硬変を病み、苦しみの中に神に召された。水一滴のどを通しても、ころげまわるような苦しみの中で、

「主よ、今日の重荷は何ですか」

と、詩の一節にうたっている。どんな重荷でも、神よお受けいたしますとの、これこそ苦難に打ち勝った謙虚な姿である。

また、三浦さんは、「苦難に喘ぐものの傍らには、神が正しくそこに立っておられると思う」、とも述べておられます。

☆三浦綾子（1922~1999）作家・エッセイスト。結核、脊椎カリエス、心臓発作、帯状疱疹、直腸がん、パーキンソン病などに苦しみながら、キリスト教徒としての信仰に根ざした著作を次々と発表した。

苦しみや苦難について、キリスト教信仰を持っている方の例を挙げましたが、それでは、高橋信次さんや、シルバー・バーチ、スウェデンボルグ等の広い意味でのスピリチュアリズムの立場から考えたひとつのモデル型で、苦しみへの対処の仕方を考えてみます。

直子　待ってくれますか、私はそもそもスピリチュアリズムという言葉の意味がよく分からないのですが、教えてもらえますでしょうか。

真人　そうでしたね、当たり前のように使ってしまいますが、言葉の定義はとても重要なことですよね。ここで使っている、スピリチュアリズムの意味は、人は肉体と霊魂からなり、肉体が消滅しても霊魂は存在し続けるという考えがベースにあります。

直子　それだけなら昔からある、心霊主義という言葉と変わらないですよね。辞書などで見ると、スピリチュアリズムの日本語訳が、心霊主義になっていますよね。

真人　確かにそう思います。そこで僕は、帰納法的に分析してみたのですが、次のようにまとめられると思います。

○スピリチュアリズムとは何か

この言葉は、死後の世界があるということを、できるだけ科学的につまり客観的に検証しようというところをスタート地点にして、そこから、それでは死後の世界というのはどのような世界なのか、それをやはり客観的に明らかにしていこうという立場と言えます。

スピリチュアリズムの始めを、１８４８年のアメリカのフォックス家事件に持ってきているのはそのいい例でしょう。客観的に僕たちが確かめられるところにハードルを持ってきたのです。そしてそのスピリチュアリズムの体系の到達点ともいうべき存在が、シルバー・バーチであると思います。彼の教えは、体系的であるばかりでなく、他者に向けられた愛の行為こそが最高に価値のあるものと言明しており、また妥協を許さない確固としたものです。

特定の宗教のように、何を信じなければ救われないとか、何をしなければ地獄に行くというような脅迫めいたものもまったくありません。しかし、このような教えは、イエスや釈迦やマホメット、スウェデンボルグをはじめたくさんの宗教や、道徳の教えの中心をなすものです。それにも関わらず、スピリチュアリズムのどこに注目すべき点があるのでしょうか。

それは、霊界というものが確かにあり、人は死んでも生き続けるということを、具体的に明らかにした点が挙げられます。そして人間の自由意志をあくまでも尊重している点も評価されます。

また組織的なものがないので、この世の泥にまみれていないという強みもあります。この世の宗教やその類のものに目をやると、組織の温存とか、組織の繁栄に血眼になり、本来の愛に生きるという教えがないがしろにされてしまっています。そして、現世利益や教祖への忠誠心を、お金や人の勧誘という「もの」で示すことが最高の掟になってしまっています。

どこからこのような嘘が入りこんでしまったのでしょうか。ひとつには物質主義、現世利益主義が中核に居座ってしまったことです。そこに集う人々が、この世の安定した生活を求めて集まってしまっていることです。不安定なこの社会で何かすがるものを求めて集まっているのです。また自分の弱さや、運気の向上を求めてそうした宗教団体に入る人が増えてしまったことも要因にあるでしょう。

そこでは、一番大切な、「自分の頭で考える、自分の理性のふるいにかける」ということを放棄してしまったのです。シルバー・バーチの出現は、こうした現代社会の風潮に警鐘を鳴らすという意味もあったと思います。

僕たちが祈るべき対象はこの世を造られた神であるはずです。僕たちがすがるべき対象は神であり、また自分を守ってくれている守護霊であるはずです。

あるいは、イエス、釈迦、マホメットの直通でいいのではないでしょうか。

スピリチュアリズムは、このような背景の中で、本当に大切なことは何なのか、生きる原点というものを、あらためて僕たちが考えなおす機会を与えてくれていると思います。

直子　よく理解できました。人間が死後も生き続ける存在なら、本当にいまの生き方を誰もがもう一度見直さなければいけないと思いました。

では、苦しみの方に話を戻します。

○スピリチュアリズムからみた苦しみのとらえ方

スピリチュアリズムからみた人生観は次のようなものが、ひとつのモデルになるでしょう。

人生の意味・目的は、自己の心を磨いて魂を向上させていくというところにある。宇宙は進化ということが基本にある。したがって生まれてくるということは、今世は少しでも自己の心を通して魂を向上させることにある。

人は、生きている時にどのような心で、どのような生き方をしたかによって死後還る世界が違ってくる。死後の世界は確実にある。いわゆる上の世界へ行くか、下の世界へ行くかは自分の選択による。ただ、生きている時に、わるい心や、人を苦しめて生きた人が上の世界に行くことはない。生きた心に比例した「光り」をみな持っており、光りの量が少ないと、輝く天上の世界には眩しくていられないからである。

また、人間には必ず寿命というものがある。それゆえ80歳まで生きた他人の死を嘆くことはおかしい。みなそれぞれの寿命のワクを持って生まれてくるのだ。健康に気をつかいつつ生命の限界を知っておくことも必要だ。しかしまた、死んだ後の世界というものも、事実として存在する。

ゆえに死後の世界に持っていけるものを大切に蓄積すべきである。

確実に言えることは、死後の世界にはお金や物は持っていけないということである。目には見えないが、心こそ死後の世界に持っていけるものである。

慈愛の心、思いやりの心、素直な心、柔らかな心、他者を気づかう心……これらは天上界へ行く時の確かなパスポートになる。

しかし、憎しみの心、怒りの心、虚栄心、差別心、うらみの心……これらも死後の世界へ持って行けるが、それは地獄へのパスポートとしてしか通用しない。

それゆえ、人を思いやりながら、正しい心で生きていこう。

正しい心で生きて餓死したのなら、神は必ず受け入れてくれるだろう。

正しい心で生きて、事故や災害で死んだのなら、やはり神は受け入れてくれるだろう。

正しい心で生きて得た結果ならすべて感謝して受け入れよう。

ただ傍観する生き方は間違っている。向上や進歩に向けてひたすら歩き続けることが大切だ。知恵や勇気を忘れずに携え、なおかつ正しい心で生きてゆくことが大切だ。

これを基準として、先に挙げました①から⑦の苦しみの例について、解決の考え方を提示してみましょう。

① せっかく就職できた会社なのに、何かにつけて自分に意地悪をする同期の女子がいる。私が上と言えば下と言い、前と言えば後ろと言う。もうただの底意地の悪い人間とし

か思えない。今日の昼間、意地悪された内容を思い出すと、怒りで身体が震えてしまう。

●同期の女子は、なぜ私に意地悪するのだろう。私が気づかないところで、何か彼女の傷つくような言動をしているのだろうか。よく考えてみよう。

もしとくにない場合は、私の仕事が早いか、あるいは遅くて彼女がイライラしているのか、そんなことも考えてみよう。もしそうなら、彼女のペースに合わせるように努力しよう。そうした仕事上のことも、とくに問題がないようであれば、彼女はもともと精神的な疾患を持っているのかも知れない。それなら私は我慢しよう。相手が病人ならば、こちらがどこまでも優しく接するしかないわ。理不尽なことを言われても耐えよう。病人ならば耐えられるわ。また、私がどこまでも彼女に優しく接すれば、いつか心を開いてくれるかも知れないわ。その希望も捨てないで接していこう。

② ○○という会社にやっと就職できた。しかし、会社に入ると総務部長に自分の言葉使い、態度、考え方すべてが気に食わないと言われた。会社に行くと思っただけ

でも冷や汗が出てくる。最後は、「お前がいること自体が不快なんだよ」と言われた。このままだと部長に何をするか分からない。

●なぜ部長はこれほどまでに僕を嫌っているのだろう。何か性格的な決定的な違いがあるようだ。先輩に聞いたら、あの部長と合う人は五人に一人ということだ。それなら仕方ない。いまの僕の器量では残念だけれど、あの部長と合わせられる才覚はない。それでも耐えて働くのも修行かも知れないけれど、いまの自分には自信がない。ここは退いてもう少し自分に合う仕事場を探そう。その方が気持ちよく生きていけると思う。そしてもっと大きな器量が持てるように努力しよう。そうすれば、いつかあの部長を包みこめる大きな器量になるだろう。

③　女子高校で、自分のことを「臭い」とか「汚い」とか、「あんたがいるとうざい」と言われる。何につけても仲間外れにされる。みんなが自分の陰口をいつもしている気がする。もうこの状態に耐えられない。

●なぜ、みんなは私をのけものにするのだろう。私は確かに動作は遅いし、融通も利かないし、機転も利かない。ただ振り返ってみると、私はあまりに自分勝手で人の為に何かをしてあげるということを考えたり、実行したことがなかったように思う。

基本的には、ひどい言葉を浴びせる人はかわいそうな人なのだろう。人をいじめるという悪いことしか思い浮かばない人たちだからだ。かわいそうな人なら笑って耐えていこう。でも私もできる範囲で相手の人の為になることをするように心がけよう。

また、こうして一人で孤独な思いを経験すれば、将来同じような立場にいる人をサポートしていけるかも知れない。

④　50代のサラリーマン、いま勤めている会社からいつ解雇されるか分かりません。子どもが三人いてみな学校に通っています。解雇されて生活ができなくなったらどうしようかと思うと、胸が圧迫されます。夜も眠れないことがあります。

●僕は自分の小さな殻の中で考えていたような気がする。利他愛の実践を目標に、家族のことを考えながら一生懸命生きていけばいいのだ。明日のことは思い煩うな、と聖書にもあった。自分の小さな欲望で生きている自分だった。世界中で日々起きている悲惨なことにも目をつぶって、自分の小さな欲だけを求めて生きていたように思う。本当は、死後の世界など考えていなかったのだ。死ぬのが怖いから、アクセサリーで傍らにおいていただけだったのだ。生きることは、誰にとっても不確実なことなのだ。妻も働いてくれているし、子どもも上の子どもは来年社会人になる。何とかなるだろう。

もう一度原点に戻って自分の人生を見つめなおしてみよう。

⑤ 今年、事務所を開業した夫が、膵臓がんの疑いがあると言われました。検査結果はまだ出ていないのですが、もしそうだった時のことを思うと苦しくて食事も睡眠も満足にとれません。

●もし、膵臓がんと宣告されたら、できるだけ治る可能性のある治療法を検討してみよう。神さまは人間の努力を決して否定しないはずだわ。人間は人間にできることを為す義務があると思う。しかも夫はいまようやく人々の為に自分の人生を生きることに目覚めたのだし、何とか良い方向に進ませたい。

ただ、人はいつか必ず死ぬのだから、そうした覚悟も忘れないようにしましょう。そして、こうした機会にそれぞれが自分の人生を見直し、ただ生きる日々ではなく、目的を持ち意味のある人生に向けて生きるきっかけにしましょう。

⑥　主人が賭け事に手を出して十年になります。家もとうの昔に人手に渡ってしまいました。私の貴重品もすべて売り払われ、暴力もふるわれ、二人の幼い子どもを連れて区役所に相談に行きましたら、区が主人から離してくれることになりました。でも、もうこのまま離婚に踏み切りたいです。こんな地獄のような苦しみはいやです。

●なぜ主人が賭け事に走り、私の貴重品まで売り払うようになってしまったのだろう。もともと意思が弱く、楽をして生きるという傾向があった人だった。私も友人が次々と結婚する中で、何かムードで結婚をしてしまった。いま必要なことは、主人をどのようにして自立させ、まともに働いて生きていく道をつくることだわ。けれど私と一緒ではそれは不可能だと思う。むしろこのまま離婚にもっていくことが、いいように思う。そうすれば自覚してくれる可能性があると思う。お互いが離れることでそれぞれ成長する可能性の道が開けると思う。

⑦　二十年以上にわたって夫の言葉の暴力に傷ついてきました。こうした言葉を言えばどれほど相手が傷つくかという想像力を持てない夫は、自分の言うことだけが正しいと思っており、その時の感情を言葉に出します。救いは相手を傷つけるという意識がなく暴言を吐いていることですが、やはり自分にとっては死ぬほどの苦しみです。精神科の薬も増えています。

●夫はただ人を批判したり、暴言を吐いたり、とにかく自分のわがままだけを通して生きてきた人だ。あの人が中小企業の経営者としてやってこられたのが不思議なくらいだわ。

でも私は夫の言葉で、言葉がいかに人の心に深い傷痕を残すかを知ることができた。だから言葉に気をつけるようになれた。人を傷つけないためにその状況でどのように振る舞ったらよいかを学ぶこともできた。そして夫もまたかわいそうな人かも知れないわ。温かな気持ちの触れ合いとか、人から本当に好かれたことがないように思う。愛人のF子さんだって、お金で夫と結びついているとしか考えられない。言葉によって傷つくことを知った私だからこそ、言葉の大切さを知ることができるようになったのだわ。もう一度、夫に愛情を注いでみよう。

苦しみの七つの例に対する、ひとつの答えを述べましたが、これで解決するわけではなく、相手の対応いかんで、こちらもまた新たな方策を立てないといけませんし、同じことを繰り返し伝えながら本人の気持ちを強めていくことも必要になってきます。

そして、このような見方で日々生きていけるならば、私たちには苦しみというものがなくなるかも知れません。

私たちは、毎日、人がどうしたの、こうしたの、自分がこのようなことを言われて傷ついたとか、自分のプライドが許さないなどと言いながら生きていますが、とらえ方ひとつで大部分の苦しみはなくせるように思います。

らい病患者の方々の精神科医として十四年間、長島愛生園に勤務された神谷美恵子さんは、

癩者に
光りうしないたる　眼うつろに
肢うしないたるからだ担われて
診察台にどさりと載せられたる癩者よ、

私はあなたの前に首を垂れる。
あなたは黙っている。
かすかに微笑《ほほえ》んでさえいる。
ああしかし、その沈黙は、微笑みは
長い戦いの後にかち得られたるものだ。
運命とすれすれに生きているあなたよ、
のがれようとて放さぬその鉄の手に
朝も昼も夜もつかまえられて、
十年、二十年と生きて来たあなたよ。
何故私たちでなくてあなたが？
あなたは代って下さったのだ、
代って人としてあらゆるものを奪われ、
地獄の責苦を悩みぬいて下さったのだ。
許して下さい、癩者よ。
浅く、かろく、生の海の面《おもて》に浮かび漂《ただよ》うて、
そこはかとなく神だの霊魂だのと

きこえよき言葉あやつる私たちを。
かく心に叫びて首たるれば、
あなたはただ黙っている。
そして傷ましくも歪められたる顔に、
かすかなる微笑みさえ浮かべている。

という詩をつくっておられます。この詩は、「何故私たちでなくあなたが」という部分に、神谷さんの苦しみを見てとることができますが、いままでの言葉とまったく異なる部分があります。

お分かりになりますでしょうか。

いままでの苦しみは、自分の苦しみということが中心でした。しかし、この詩は他人の苦しみを、自分も苦しんでいます。他者の苦しみを、共に苦しもうという崇高さがあります。

これはひとつには、神谷さんが恵まれた環境に生まれ、他者の存在にまで目が行き届かせられる状況にあったことも要因として挙げられますが、他者の苦しみを共に苦しむという姿勢は普通ではできることではなく、立派であり、尊いことだと思います。

私たちの人生の営みは、宇宙の歴史の点にさえもならないくらいの些細なものです。しかし、他者のために尽くすこと、他者の苦しみを自分の苦しみとできることは、宇宙の中に無限に拡がる光りの輝きとなります。

☆神谷美恵子　１９１４年岡山に生まれる。１９３５年津田英学塾卒、コロンビア大学に留学。１９４４年東京女子医専卒、同年東京大学医学部精神科入局。１９５２年大阪大学医学部神経科入局。１９５７年～72年長島愛生園勤務。１９６０年～64年神戸女学院大学教授。１９６３年～76年津田塾大学教授。医学博士。１９７９年逝去。

21

運命と自由意志

生きることが、時に重荷になるようなことが人生にはたくさんあります。朝起きてみて、つらい現実をあらためて感じることもあるでしょう。そのような時、「これも運命や宿命なのか」という言葉が出てくるかも知れません。あるいは「何の因果なのか」という言葉も出てくる時があります。

それでは運命とか宿命とは、どのような意味なのでしょうか。

辞書には以下のように説明されています。

運命／人間の意志にかかわりなく、身の上にめぐってくる吉凶禍福（「広辞苑」）。

宿命／前世から定まっており、人間の力では、避けることも、変えることもできない運命（「大辞林」）

因果／1今ある事物が以前の何らかの事物の結果であり、また将来の何らかの事物の原因であること。2自分のなしたよい行為や悪い行為に応じて、それに相当するよい報いや悪い報いがあること。3現在の不幸は、前世での悪業によっているということ。（「大辞林」）

これらのことに関して、高橋信次さんと、シルバー・バーチの語っていることを幾つか挙げてみます。

○高橋信次

① 因縁因果は、悪を想えば悪、善を想えば善の結果が返ってくる。したがって、極めて宿命的で、避けることのできない性質を持っている。

② 運命は自ら、切り開いてゆくもの。ただ今世の果たすべき役割があり、例えば、男と女の相違、才能の違い、性格の相違など決められたものもあり、その限りでは個々の運命は決められている。

③ 悪因悪果の運命に対して、反省し、己の心を正法に戻したときには、その運命に翻弄《ほんろう》されない自分になっていく。善因善果を心がけ、心の自由を認識し、宿命的運命に翻弄されず、むしろその運命を切り開いてゆく自己の確立が大切。

○シルバー・バーチ

① 利己主義のタネを蒔いた人は、利己主義の結果を刈り取らねばなりません。寛容性のない人、頑なな人、利己的な人は不寛容と頑固と利己主義の結果を刈り取らねばなりません。この摂理は変えられません。

② 一方には、どうしても従わざるをえない法則があり、他方には従うべきでありながら、自由意志で勝手な行動に出てもよい法則もあります。運命づけられた一定のワクの中で自由意志が許されているわけです。

③ 霊的成長により、良いタネを蒔くことが大切、そうすると良い花が咲く。霊的成長は思いやりの心、寛容の精神、同情心、愛、無私の心を通して得られます。

お二人の主張の内容はほぼ同じです。因果につきましても、きれいな種を蒔けばきれいな花が咲きますし、きれいな実を結びます。

「情けは人のためならず」ということわざがあります。これは、「人に情けをかければ、それがめぐりめぐって自分に良い報いとなって返ってくるものだ」という意味です。本当にそうだなと、いろいろな方の人生を見るたびに教えられます。

外国にこのような話があります。お父さんが亡くなり、お母さんと二人でロッキー山脈の高いところに住んでいた一人の少年がいます。彼らは広い谷を見晴らせる小さな家に、二人だけで住んでいました。家の後ろの庭で野菜をつくり、牛を飼っていました。ある日、少年は母親の言うことをきかなかったので、怒られてしまいます。そして腹が立ち、泣きながら谷の方に走って行きます。

そして大きな声で、「おまえなんか嫌いだ、おまえなんか嫌いだ」と叫びます。突然、彼は、谷を横切ってきたような声を聞きます。

その声は、「おまえなんか嫌いだ、おまえなんか嫌いだ」と言っています。その声は、遠くの方から、聞こえてくるようでしたが、とてもはっきりと聞こえてきました。少年は恐ろしくなって叫ぶのをやめます。そして母親のところに走って帰り、言います、「お母さん、お母さん、あそこに『おまえなんか嫌いだ』って言う悪い人がいるよ」。

母親はこれを聞いて、笑いながら少年の手を引いて、もう一度谷の方に連れていき言います。「さあ、できるだけ大きい声で『あなたを愛してるよ』って叫びなさい」と言います。少年ができる限り大きな声で叫んだとき、彼は、「あなたを愛してるよ」というこだまを聞きます。

母親は、少年の頭を軽く叩いて言います。「あれはこだまよ。あのこだまは私たちに教訓を教えてくれているわ。それは人生の決まりよ。人は与えたものと同じものを受けるのよ。もし、憎しみを与えたら、憎しみを受けるのよ。でも、もし愛を与えたら、愛を受けるのよ」。

「人は自分が与えたものと同じものを受け取る」、時間をかけて深く考えてみる価値のある言葉だと思います。受け取るのは必ずしも、この世とは限りません。人の命は死んだ後も続くからです。

いま、この世だけを見て、悪が栄えていて善人が痛い目にあっているのはおかしいと思われるかも知れません。しかし、それは外から見ただけで、実際の中身は分かりませんし、また結果は死んだ後の世界で出るかも知れません。

そして、運命については、最大公約数は人間が死ぬということは運命ですし、また環境も変えられない環境というものがあるかも知れません。そうするとこの環境も運命に近いものになります。変えられる環境はもちろん運命ではありません。

人はこのように運命を背負って生きていますが、その中でも自由意志が働く場はあるということです。

病気については、生まれつき身体が不自由であるという先天的なものや、後天的なものでも本人には避けられない病もあると思います。宮沢賢治の妹のトシは24歳の若さで死んでいますが、これは運命といってよいと思います。賢治は妹の死に際して、「永訣の朝」という感動的な詩を書いています。死に臨んでも、なお利他愛を貫くトシの気持ちがよく現れています。トシは、死の床で利他愛を口にします。トシは賢治の2歳年下の長女でした。この二人は信仰も同じで、信頼し合っていました。

トシは、花巻高等女学校を首席で卒業し、日本女子大に入学、卒業後は、母校花巻高等女学校の教師に、１９２０年になります。

しかし、１年後の初夏から床に伏し、９月に退職、翌年の11月死去します。

トシが死んだとき、賢治は押入れを開けて頭を突っ込み、おうおう泣いたそうです。

24歳の妹の死因は、結核でした。死の床でトシは、今度生まれてくるときは、自分のために苦しむのではなく人の為に苦しめるように生まれてきたいと利他愛を口にします。

この利他愛に生きたかどうかが死後の世界でどのような世界に行くかの、大きな要因になります。

よく地獄といいますと、よほどの悪人が行くようなイメージがありますが、確かに地獄といっても、さまざまな地獄がありますが、多数の人が行く地獄は、自己中心、利己主義に生きた人が行くところです。

このトシの死は運命だと思います。しかし、ヘビースモーカーの人が肺がんで死ぬ、これは明らかに自由意志の問題です。このように病気につきましては、運命的なものと、人間の自由意志でどうにかできるという二つの部分があると思います。

大切なことは、この二つの見極めをしっかりつけながら、自由意志の領域のものは全力投球をして良い結果が出るようにする、運命的なものはそれを受容、つまり受け入れて生きてゆく、この姿勢が大切だと思います。そうしますと、

運命の分野＝受容

自由意志の分野＝積極的に変えていく

というような図式になるのだと思います。また、私たちは、環境という制約のほかに生まれてくる時に持ってきた「種」の問題があります。生まれてくる時にどのような種を私たちが持ってくるかについて、強い種とひ弱な種など、持ってきたものが異なっています。


このように元々の種に差があり、さらに環境による制約を受けながら私たちは、その中で精いっぱい生きていかなければなりません。そうすると、人と比較することがいかに意味のないことかということが分かりますでしょうか。

人生は、自分の花を咲かせればいいのです。

　また、運命に負けてはいけません。この人生でどのような苛酷なつらい運命が待ち受けていたとしても、その運命を積極的に受け入れ、その中でも、人としての思いやりや、温かな心を失わないで生きれば、その前向きな生き方が大きく花を開かせてくれます。この世でもし、花が咲かなくても、もうひとつの世界では大きな花が咲きます。

22

生きがいについて

○生きがいとは何か

　生きがいというのは、生きていることに価値を与えるモノや事柄というように表現できると思います。私たちは、生きてゆくことに価値を与えるモノを見出し、このモノが充たされている時に初めて、生き生きとした人生を送ることができると言えます。

生きがい」を持っている人の目は輝いています。それは私たちが、この世に生まれてきて、生きてゆくことに価値を与えるモノを自分でしっかり確認しつつ、それを持って生きているわけですから、生き生きさが生まれてくるのは当然のことと言えます。

それでは生きてゆくことに価値を与えてくれるモノとはなんでしょうか。

相変わらず、お年寄りをだましたり、社会的に弱い立場の人をいじめる犯罪が後を絶ちませんが、この犯人たちが、生きてゆく中で価値あるものとして「お金」を見出し、お金を獲得する手段として、詐欺や恐喝という手段を考え、人をだましたり、脅しながら、行け行けでお金もうけをしている人たちは、生きがいを持って生きていると言えるでしょうか。

そして、この人たちは、自分の私利私欲の為だけに生きているわけですから、当然温かさも、人好きのよさもうわべだけのものであることが分かります。それは本当の、「生き生きさ」ではないでしょう。

生き生きさ、というのは、マザー・テレサが病人や貧しい子どもたちの為に、ひたむきに奉仕している姿からも読み取れますように、人類への愛や、他者への思いやりや温かさが含まれているところに生まれてくるものだと思います。それゆえ、瞳が輝くのだと思います。自分勝手に私利私欲で生きている人からは、生き生きさというのは感じられないでしょう。

○パール・バックにみる生きがいの過程

パール・バック（１８９２～１９７３）は、女性の文学者です。父親が宣教師で、少女時代からほとんど中国で暮らしました。彼女が生きた時代の中国は、１９４９年に大きな革命が起こっています。この年の10月に、中国は毛沢東を主席とする中華人民共和国を成立させました。アメリカの支持を受けていた国民党・蒋介石の国民政府は台湾に逃れ、ここに社会主義中国が成立しました。パール・バックはこの革命の時は50代でした。

彼女は、その中国の現実を『大地』や『郷土』などの小説に著しました。ヒューマニストといえる思想の持ち主です。このパール・バックの少女時代の夢は、「自分の家が子どもでいっぱいになる」ことであったそうです。つまり彼女にとっては、子どもに溢れた家庭が、生きてゆくことに価値を与えてくれるものであったわけです。

しかし、現実に彼女が産んだ子どもは一人でした。しかも彼女が産んだ子どもは障害の子どもでした。その時の心境を彼女は次のように述べています。

私はその時の私の感情を筆にすることはできません。……ただその時、私の身体の中で、絶望的に血が流れ出すような感じがしたと申し上げるよりほかはありません。……取り除くことのできない悲しみとともに生活するには一体どうしたらよいか、を悟る過程の第一段階は、みじめな、しかも支離滅裂なものにすぎません。……一切のものに喜びはなくなってしまいます。

すべての人と人との関係は意味のないものとなり、あらゆるものが意味を失ってしまうのです。風景とか、花とか、音楽とか、私が前に喜びを見出したものも、すべて空虚なものになってしまいます。……そのころ、私はやはり自分のすべき仕事はしていました。……自分の住む社会で果たさなくてはならない義務は怠りませんでした。

しかし、それらのことは何ひとつとして意味を持っていませんでした。ただ私の手が独りでに働いていたにすぎなかったのです。

パール・バックの場合は、子どもの存在というものが、生きがいの大きな部分を占めていました。しかし、その子どもというのは、当然のことでしょうが、五体満足な、能力においても普通の子どもを思い描いていました。しかし、生まれた子どもは障害児でした。生きがいの根底が崩壊したわけです。少なくとも、その時のパール・バックにとってはそのように感じたわけです。彼女はさらに次のように述べています。

私が世の中の人々を、避けることのできない悲しみを知っている人たちと、まったく知らない人たちとの二種類に分けることを知ったのは、この頃のことでした。というのは、悲しみには和らげることのできる悲しみと、和らげることのできない悲しみと根本的に異なった二つの種類があるからです。……和らげることのできる悲しみというものは、生活によって助けられ、癒すことのできる悲しみのことですが、和らげることのできない悲しみは、生活をも変化させ、悲しみ自身が生活になってしまうような悲しみなのです。

パール・バックにとって生涯治ることのない障害の子どもと一緒に暮らすことは、和らげることのできない悲しみであったのです。

ところで、これは誰の悲しみであったのでしょう。間違いなく、パール・バック自身の悲しみでした。

パール・バックはその後、次のような時系列で気持ちの変化を生じさせます。

◆パール・バックは生きる価値を与えてくれるものの一つとして子どもを欲した。

①しかし、生きる価値を与えてくれるものが充たされなかった。↓娘が障害だった。

②しかもそれは、修正できないものである。↓障害は治癒しない。

③生きがいの喪失、悲しみへの抵抗↓「なぜ家の子どもがこんな目に遭うのか」

④悲しみの受容、中心軸が、自分から娘に移る↓自分自身の悲しみでしかないと知る。

⑤自分自身の悲しみに浸るのではなく、子どもの為に何ができるのか、というように発想が変わる。

⑥人類の役に立つことをというように思いが広がっていく。

○パール・バックの例から分かること

パール・バックの気持ちの変化の流れから、人生の大切な教訓が読み取れます。それは、受容と向上というメッセージです。

私たちの人生は、動かし得ない不幸や悲しみに溢れています。パール・バックの娘もいくら普通のレベルの子どもにと願っても、それは動かし得ないものです。そうであるならば、この事実は受容しなければなりません。また、できることならば、「しかたないから受容する」のではなく、「積極的に受容する」という姿勢で受け入れられればと思います。そして、そこからまた、少しでもよい形で向上させていくという努力が必要だと思います。

パール・バックの場合は、自分が悲しんでばかりいないで、その事実を受けとめて、娘の学校を探す行動に出たというところに、受容と向上のプロセスを見ることができます。

考えてみますと、私たちの人生は、受容と向上の絶え間ない繰り返しのなかで営まれていくもののように思えます。

ただこれはあくまでも、その対象や結果が、人間には動かし得ないものの場合です。人間にできることをしないのは、ただの怠慢です。また、目標ははっきり自覚するほど、生き生きと価値の実現に向けて邁進できるでしょう。

最終的には、これが私に課せられた人生の課題なのだ、これを実現する為に私はこの世に生まれてきたのだ、というような使命感を持てれば、生きがいを強く感じながら生きられると思います。

そして、その使命感は、私利私欲の実現の為でなく、苦しんでいる人や、悲しんでいる人に温かさや、光を与えるというものが中心にあると、真の輝きと生き生きさがほとばしり出るように思います。

○現代社会における生きがいを奪うもの

パール・バックの例からも分かりますように、生きる価値を与えてくれるものというのは、目標という言葉に置き換えられるでしょう。パール・バックにとっては、その目標は子どもであり、子どもに溢れた家庭であったわけです。ここから、人は目標があり、それに向けて一生懸命に努力している時に生き生きさが生まれてくると言えます。

そうすると人が生き生きと生きられる為には目標が必要になります。生きがいについての冒頭で、生きがいは、生きてゆくことに価値を与える「モノ」というように表現しましたが、この「モノ」の部分は目標という言葉にも置き換えられます。

私たちの現代社会の目標というのはどのようになっているのでしょうか。

生きがいになる価値あるもの、あるいは目標が極めて見つけにくい社会だと思います。

価値を見つけられない社会機構のようなものが存在しているのでしょうか。時間を持てあましている人がたくさんいます。ゲームに時間を使う人もいます。ダンスに使う人もいます。趣味の教室に通う人もいます。平日の昼間からパチンコ屋に通う人もいます。少なくとも、こうした中の一部の人たちは、生きることに価値を与えてくれるものが見つからないのでしょう。時間をつぶす為に何かをしている人がとても多いように思います。このような人たちにとっては、生きがいに適うものを探すのは大変ということなのでしょう。

「何もすることがない」というのはとても不幸なことだと思います。とくに、お金があって生活には困らない、でもすることがないという状態が一番困ったものだと思います。生きている細胞組織は、どんなものでも働かせなくなったら退化してしまいます。ですから適度に働かせることが必要なのですが、そうできない方もたくさんおられます。

例えば、働け、働けで定年まで走ってきてしまった。いよいよ定年になった。年金ももらえるので生活の心配はない。しかし、とくにこれといってしたいこともない。考えることも億劫《おっくう》だ。毎日、お笑いのテレビを見るのが楽しみくらいだ。このような人は、身体も動かさない、考えることもしない、生活の心配もないで三拍子揃っていますので、確実に機能が衰えていきます。生きている細胞はどのようなものであれ使わなくなったら確実に衰えていきます。

でもまた、何かをするにしても、ただ単に、生きている間の時間を埋める為に何かをしているのでしたら、これもまた寂しいことです。

○定年退職後の生き方―利他愛ノートを作成しよう

定年退職後というのは、時間もあり、とても貴重な時期だと思います。この時間をどのように過ごすかで、その人の一生にどれだけの価値を見出せるかの時間でもあると思います。

以下に定年退職後の過ごし方のサンプルを例示してみます。

① まず、今の時点で、利他愛ということを基準にして、自分の人生がそれに沿って生きてきた人生であったかを振り返ってみてください。

もし、利他愛ということに反感を持たれるようでしたら、それではどのような生き方が良いのかを自分に問いかけてみてください。人は他人をごまかせても自分をごまかすことはできません。

またいくらたくさんの財産を保有していたとしても、それを死後の世界に持っていくことはできません。楽しい思い出、嫌な思い出、つらかった思い出、ワクワクするような思い出、……いろいろな思い出がよみがえってくるでしょう。

その中で、本当に残しておきたい思い出、忘れてしまいたい思い出、捨ててしまいたい思い出などに分けてみてください。

本当に残しておきたい思い出の中には、どのようなものが含まれていましたでしょうか。

おそらく、いや確実にその中のものは、心がほのぼのするようなものばかりでしょう。人を罵倒したこと、自分だけで食べ物を独り占めしたこと、人の不幸に目をつぶり自分たちの家族さえよければあとは知らんふり……もしこのようなものが入っていたとしても、それを残そうとは決して思わないでしょう。

人と助け合ったこと、人から温かな援助を受けたこと、自分も困っている人に手を差し伸べたこと、きれいな景色、きれいな音楽……このようなものが残しておきたい思い出ではないでしょうか。

　私たちは、誰ひとりの例外もなく、確実に歳をとり、いま元気な人も、百年もすれば誰ひとりこの世にいないのです。しかし、人は死んでも次の世界でまた新しい生き方が始まるのです。

②　その整理は、ノートに書いていくといいでしょう。忘れてしまいたい思い出や、捨ててしまいたい思い出はその部分をよく反省すべきところは反省して、その後その部分は処分してしまいましょう。

　そして残したいものを、あらためて目を通し、これからは残したいものだけに生きる人生にすればよいのです。残したいものの最大公約数が、利他愛になると思います。

　相続が発生すると、信じられないくらいのお金を残している方がおられます。なぜ、生きている時にもっと有効に使わなかったのだろうと思うことが度々あります。有効に使うところはたくさんあると思います。例えば、日本では、盲導犬を一頭育ててあげるのに500万円くらいかかるそうです。目の不自由な方が、この盲導犬が傍にいてくれればどれほど助かるのにと思います。しかし日本では予算がなく、需要に対して供給が圧倒的に不足しています。お金を本当に生かせる場はたくさんあります。

　このように、利他愛の実践ということを日々の生活に、そして自分の人生の中心に据えるのです。利他愛が中心になることにより、生活は大きく変わります。

例えば、ゲートボールに勝つことを最大の生きがいにしていたAさん。下手なプレーの人に特訓をさせて、体力の限界まで練習をさせ、脱会者から陰口を言われてきたAさんの生活は大きく変わるでしょう。

Aさんのゲートボールは、孤独に暮らしている人が元気で暮らせるように、独りぼっちでないということを知らせる手段として使われるようになりました。

また、老人ホームで自分の過去のことばかりを自慢げに話し、同じホームの人たちを批判的な目で見ていたBさんは、相手の過去の業績を聞く側の人になり、みんなから慕われるようになりました。そのBさんの生きる姿勢に、過酷な労働を強いられている介護の仕事をしている人たちも仕事に前向きな意欲が出てきました。

③　自分の整理ノートには、自分が他界した後の葬儀のことや、財産の使途なども記入しておくといいでしょう。複雑な人間関係や、財産問題のトラブルが予想される場合は、予め、公正証書遺言を作成しておくと事前にトラブルを防げます。

④　また利他愛実践ノートを別に一冊作成し、今日はどのような利他愛を実践したか、あ

るいはできなかったかの反省などを記入するとよいでしょう。

江戸時代末期に広瀬淡窓《ひろせたんそう》（1782～1856）という儒学者がいました。彼は1805年に、豊後《ぶんご》の国日田《ひた》に私塾を開きます。塾の名前は、「咸宜園《かんぎえん》」といいます。この咸宜園は、職業、年齢、貧富の差に関係なく、向学心に燃える人であれば誰でも受け入れてもらえたようです。およそ50年にも及ぶ教育の中で、弟子の数は三千人を超えるということです。

淡窓は、「万善簿《まんぜんぼ》」というノートをつくっています。ノートには、その日行った「善行」を白丸でつけ、「悪行」は黒丸をつけ、白丸から黒丸を引いた数が一万になるという目標を立てました。この善行と悪行の基準はとても厳しいものだったようです。「怒ること」も「食べ過ぎ」も悪行でカウントされました。淡窓はこの「一万善」を達成するのに、12年7カ月かかったようです。

少し厳しいとは思いますが、淡窓にならって、利他愛には白丸をつけ、利己愛には黒丸をつけ、最初は10を目標に、それが達成されたら次は20というように段階を踏んで実践していったらどうでしょうか。

直子　利他愛というのは、自分ではなく他の人の為に生きるということですが、幾つか例を挙げてもらえますでしょうか。

真人　はい、例えば直子さんはいま大学で、専門の勉強をしていますよね。これは何の為ですか。

直子　はい、自分の勉強したことを、社会や知識がなくて困っている方々の為に使いたいからです。

真人　それも利他愛ですよね。挙げたらきりがないと思いますが、いくつか例を挙げますね。

①　自分がつらい時でも、気持ちが沈んでいる時でも、周囲が明るくなるように振る舞う。
②　相手の良いところを引き出して、その人の能力を高める。
③　絶望の淵にいる人に、希望を与えられるように努力する。
④　相手の弱点をほじくり出さない。
⑤　自分が言われたいやな言葉は相手に言わない。
⑥　きらいな人をつくらない。良いところを評価してあげる。
⑦　自分や、自分の家族さえよければいいという考えを持たずに、周囲の人もよくなるように振る舞う。

利他愛

相手の良いところを生かす
周囲が明るくなるように振舞う
どのような人にも平等に接する
周囲の人に安らぎや勇気を与えられる
絶望の淵にいる人に勇気を与える
自分が言われた嫌な言葉は人に言わない
相手の苦しみを共に苦しむ
ユーモアでその場を和らげる
相手の立場にたって臨機応変に振舞える

利己愛

自分や自分の家族さえよければいいと思う
他人の不幸をよろこび自分の安全を願う
虚栄心が強く人を卑下する
すぐに感情をむきだしにする
自分の信念を通して相手を逃げ場を失う位に追い込む
すべて自分ペースで無神経にすぎる
自分の価値観を人に押し付ける
我がまま勝手に振舞う
自分が中心にいないと我慢できない

⑧　相手が八方塞がりのときに、問題の整理、解決の方法を一緒に考えてあげる。

⑨　自分の存在が周囲の人に、安らぎを与え、勇気を与えられるように努力する。

⑩　どのような人も卑下することなく、平等に接することができるようにする。

まだまだ挙げられますがこれくらいにしておきますね。

直子　本当にきりがないですね。結局、何が利他愛かというのは、解答のない問題集みたいなものなのですね。

真人　その通りだと思います。その都度自分で何が利他愛かを判断しながら、振る舞うことが必要になってきますよね。その中でも大切なことは、心を込めるということと、イマジネーションを働かせて先を見越してその準備をするということです。

直子　本当に自分も向上しないと大きな利他愛が行えないですね。よく分かりました。

23 命と向き合おう

○命のはかなさ

ある母親が、自分の幼い子に語りかけていました。「いーわね、歩いているときは、車や自転車に気をつけるのよ。後ろから来た車に轢かれて死んだら、もうそれで終わりなのよ。人間の命なんて、あっけないんだからね」。

本当に、人の命はあっと言う間に消えゆくはかない存在です。「昨日まで元気で、陽気に話していた人が、今日はもう隣にいない……」「共に食事をし、音楽を聴き、語り合った人が、今日はもう影すらも見えない……」。人間にとって、これほど寂しいことはないでしょう。

心を温め合った人とも、いつか必ず死に別れなければならないのがこの世の定めです。

命のはかなさ、はかなさゆえに、大切にされなければいけない命なのでしょうか。それともはかなさゆえにどうにでも扱われてよい命なのでしょうか。たった一日でいいです、テレビのニュースと新聞に目をとめてみて下さい。「交通事故で○○人死亡、怨恨が原因の殺人事件、お金が目的の強盗殺人、自殺……」。命がいとも簡単に奪われたり、亡くされたりしています。「いじめによる殺人事件、いじめによる自殺、保険金殺人、数字を伸ばすための経済競争の犠牲者……」、これらの面においては、はかなさゆえにどう扱われてもよい命ということになるのでしょう。

自分が生き延びるために、人の命を犠牲にできる、これが私たちの社会というのが現実でしょう。何が生きていく上で必要なのか、どのような生き方がいいのか、私たちは根底から問い直すべきではないでしょうか。

○「死に時」について

人には「死に時」という時があるのかも知れません。どのような人も必ず死にます。それならば、私たちは、もっと死という問題を掘り下げて考えるべきではないでしょうか。また、「生の限界」ということもわきまえる必要があるのではないでしょうか。「死に時」と「生の限界」は、同じことについて角度を変えて表現したものとも言えます。

それでは、いつがその「死に時」にあたるのでしょうか。これは、主観面と客観面の両方からの考察が必要です。

ⅰ客観面

「生まれてきた目的」を果たし終わった時です。人が生まれてきた目的の一つは、自己の魂、心を磨くためです。「磨く」とは、自分自身を生かしつつ、他者をも愛し慈しむことによって、その人の可能性を最大限に引き出すことです。他者をも生かす中で、私たちは自分の心を磨くことができるのです。また、自分の系統的な欠点の克服も、自分の心を磨く為には欠かせない作業です。自分の系統的な欠点が克服できた時、私たちは、この世に生まれてきた一つの目標を果たしたと言えます。系統的な欠点というのは、おもに性格面を中心として、その個人に見られる特徴のことです。例えば、思い込みが強いとか、人の欠点をあげつらう、人を見下しすぎるなど、たくさんのものが挙げられます。

ⅱ主観面

主観面における「死に時」は今です。なぜならば、私たちは、いつこの生の終焉を迎えるのか分からないからです。ですから、今、地震がきてこの生を終わろうと悔いはないという生き方をしなければならないのです。

あなたには可愛い娘さんがいるかも知れません。「僕が死んだら、この子はどうなるんだ」と嘆くかも知れません。しかし、それでも明日、あなたは飛行機事故で、この世を去らなければいけないかも知れないのです。また、その娘さんが先立つことだってあるのです。

私たちは、いつこの世を去ってもよいという気持ちで一瞬、一瞬に全力を尽くすことが大切なのです。しかも明日が分からないからと言ってしかめ面をして生きるのではなく、むしろ明るく、陽気に、微笑んで生きなければいけません。そうでないと、自己を磨けないからです。

○命の尊さ

ある宗教団体が、次のような理由で人を殺そうとしています。どのように説得してやめさせますでしょうか。

「我々の布教にたてつく人間は、結局はこの世では悟れない人間だ。それなら早く死なせてあげて、もう一度生まれ変わらせてあげた方がはるかに慈悲のあることだ」

「この宗教団体は、自分たちの宗教だけが正しいという独善に陥っている」と言われるかも知れません。しかし、宗教というのはむしろこの排他性ゆえに成り立つものなのです。どの教えでもよかったら、その宗教の団体としての発展性はないのです。

理由はむしろ別のところに求められるべきです。

「神あるいは創造主は、それを信ずる人だけを造ったのではないはずです。あまねくすべての人々を平等に造られたはずです。すべての人々がこの世の生を全うする権利があるはずです。それなのに、なぜ特定の人々を殺したり、差別したり、迫害したりするのでしょうか。なぜ、自分たちだけが選ばれた人間になるのでしょうか。例えば、キリストは『私は貧しい者、虐げられた者の為にきた』と語っています。キリストを信ずるなら、キリストの弟子になろうと欲するなら、すべての人々の『仕え人』になるということではないでしょうか」

このように言えると思います。歴史上、宗教はあまりにも大きな過ちを犯してきたのではないでしょうか。

○神の目と人間の目

人の目から見た時、この世の出来事はあまりにもつらく、悲惨なことの連続のように見えるでしょう。それは確かに人生の意味を根底から揺さぶるものかも知れません。しかし、これは、私たち人間の目から見た視点です。そして、人の命は、いつ召されようと、それが良いことなのか悲しいことなのかは誰にも分からないことです。

トンネルが陥没して、たまたまその中にいた人が生き埋めになり、無惨な遺体を目にした時、私たちはその悲惨さを嘆き、時に自分の安全に胸をなで下ろしますが、本当に死んだ人が不幸だったのかは誰にも判断できないことなのです。人の目から見たとしても、生きている私たちには、もっと悲惨なことが待っているかも知れないのです。反対に亡くなった人でも、心の磨かれている人であれば、すぐに執着から離れ、私たちの世界に微笑みかけているのです。ですから、この世の悲惨なことに対して、過度に絶望したり、悲しみすぎることは間違っていると言えます。

ジョージ・アンダーソンの『We don't die.』には、死者の霊と遺族との交流の様子が描かれていますが、その中でもジョージは、「亡くなった人は、遺族があまりに悲しんでいるのを好まない」と語っています。

死者の側から見れば、「僕はこんなにピンピン元気なのに、なぜそんなに悲嘆にくれるの」と言いたいのでしょう。「人の目」はそれでも肉親の不幸や、世の中の人々の諸々の不幸に対しては、悲しみ、苦しむことを当然のこととするでしょう。それでいいと思います。また、それが人間の情ではないかと思います。ただ、心の奥底に、死者は私たちの5～10メートル上から、時に、私たちの世界を見つめているということを忘れないでいて下さい。それゆえ、過度に悲しみ、苦しむことは避けて下さい。亡くなった人も悲しくなってしまうでしょう。

また、死んでも、微笑んでこの世を見つめられない霊も数多くいます。そうした霊の為にも、悲しんでいるのは程々にして、どうか祈りを捧げて下さい。祈りは霊の、自覚と意識を高める効果をもたらすからです。

24 グリーフケアのこと

グリーフケアというのは、配偶者や子どものように、身近な者が死んだ時に、残された家族の悲しみをどのように癒していくかという問題です。

いま、あなたの知人で、最愛の子どもを交通事故で亡くして、悲嘆にくれている夫婦がいるとします。あなたはどのようにその夫婦に接しますでしょうか。

ⅰ　気の毒で言葉もかけられないから、遠くで見ている。
ⅱ　とにかく顔を見に行くけれど、かける言葉はない。
ⅲ　一緒に泣く……

どうしたらいいか、気持ちでは思っていてもなかなか行動に出られない、というところが実際かも知れません。その夫婦の気持ちが分かれば分かるほど、何もしてあげられないというのが現実かも知れません。

ひとつ新聞記事をご紹介します。これは、垣添忠生さんというお医者さんが書かれたものです。垣添さんは、がんで奥さんを亡くされています。新聞には、奥さんのがんが見つかり、そして亡くなり、その後のことが書かれています。

「……この病歴から考えさせられることが一つ。妻の小細胞肺がんは早期発見しても助けられなかった。……妻が亡くなって年が明け、翌1月1日からの3か月は、私にとって精神的にも肉体的にも大変過酷な時期になった。私たち夫婦には子供がいない。したがって、互いに助け合って40年間、幸福に暮らしてきた。その文字通りの人生の伴侶を喪って、私の生活は崩壊した。強い精神的打撃と、そのことが食欲不振や不眠といった肉体的影響をもひき起こした。酒浸りの生活となり、一人の時は涙が溢れた。私はその前年の3月に退職したのだが、その後も山ほど仕事があったので、日中は何とかそれに集中して時間をやり過ごすことができた。しかし、帰宅しても、もはや妻と対話することができないことがこれほどつらいとは思わなかった」（読売新聞2010年8月23日）

垣添さんの文章は、愛する人との別れが、いかにつらく、大きなダメージを受けるものかということを教えてくれています。

人間は誰でも死ななければなりません。例外はありません。順序が逆になり、後の者が先になったりすることはありますが、死ぬということに関しては、すべての人に等しくあてはまります。

垣添さんは、同じ記事の中で、「グリーフケア」、「死の準備教育」の必要性を説いておられます。本当にそう思います。

人は心構えがあれば、どのような状況にも乗り越えていくことができるでしょう。また、垣添さんは、ホスピスの必要性も説いておられます。アメリカには約5000のホスピスがあり、その90%近くは在宅看護システムのようです。

社会全般には死の準備教育、遺族にはグリーフケアの充実、末期の患者の方々にはホスピスの充実、これらのことを日本でも早急に導入すべきであると思います。日本においては、ホスピスも少しずつ増加していますが、入所には何カ月も順番待ちのところが多く、絶対数自体が不足しています。

また、これらのことを充足させつつさらに考えてみることが一つあります。

それは、遺族の悲しみを真に癒すものは何か、末期患者の恐怖を取り除くものは何かということです。

遺された者の真の悲しみを癒すのは、死んだ者が実は生きているということ、死者との別れは一時的なもので、決して永遠の別れではないということを教えてあげることではないでしょうか。ただ、普通の場合は、死んだ直後に話しても、悲しみに覆われていてあまり効果はないでしょう。

普段から、人間は死ぬべき存在であり、「その時」はいつ訪れるかは分からないこと、しかし死後の世界はあること、人は死んでも生き続けること、そのことをしっかり話しておくことが大切です。

さらに末期患者、家族の方々の為のプログラムも作成しておくべきです。

ⅰ　余命あと〇〇か月と宣告された人にどのように向き合うか。その人に何を語るか、何をしてあげられるか。その人はどのような性格の人か。宣告に耐えられる人なのか。

ⅱ　また、余命を宣告された患者の家族にどのように向き合うか。その家族に何を語り、何をしてあげられるか。家族は狼狽しているか、冷静か。

ⅲ　亡くなった後、末期の方が生きている時に家族と接触を持てていた場合は、その延長でのケアになりますが、亡くなったことを聞いた後に家族に接する場合どのように向き合うか。直後、一カ月後、三カ月後、半年後、一年後……というように、こまめに分けて接触の仕方を考えていくといいでしょう。

またこれらのことを効果的に伝えていくためには、何よりも、自分が死後の世界があるということを理性で知らせる必要があります。一時の現象的なもので知らせても弱く一時的なものです。例えば、高橋信次さんが、霊を呼び出して話しているところを聞かせて、「これでいいのだ」と思っても、相手に何も確信的なものを与えていないかも知れませんし、相手がそれで死後の世界があると信じるのも考えにくいことです。

自己満足ではいけません。自分の全存在をかけて真剣に伝えていかないと難しいかも知れません。他人任せでなく、自分の言葉で、自分の経験と思いを込めて、熱意を込めて語っていくことが大切です。

第Ⅲ章　死を迎える

1　準備の大切さ―自分の人生を振り返り、自分の死を考えよう

誰でも一年経てば、一つ歳を重ねます。これには例外がありません。「老いる」ということは絶対的な事実です。

そして「死ぬ」ということも、同じように避けられない事実です。そうであるならば、死への準備ということも必要です。パスカルは、死という事実に目をつぶり、狩りやダンスに明け暮れている状態を見て、「目隠しをして断崖に飛び込むようなもの」と表現しました。

「生きている間だけだよ、せいぜい楽しまなくちゃ」、という姿勢は、死後の世界の存在を認識したならば正しい生き方ではありません。

直子　死後の世界をきちんと認識して死んだ人と、まったく否定して死んだ人との間には何か違いのようなものがあるのでしょうか。

真人　はい、大きな違いがあります。自分が死んだということを自覚できないと、いつまでもその場にとどまることになります。それに対して、自分の死を自覚した霊は、次のステップに進んで行きます。

直子　次のステップというのはどのような内容なのでしょうか。

真人　はい、死を自覚すると、今度は霊的な視界が開けてきて、いままで気づかなかった霊の世界が見えてきます。そして既に他界している、自分にとってなつかしい人たちが笑顔で迎えてくれます。

そして、守護霊も来ています。この守護霊によって、霊界に適応できるための訓練所のようなところに連れていってもらいます。このように、一つひとつのステップを踏んでいきます。

直子　分かりました。死後の世界があるということをしっかり認識していることが大切なのですね。

話を続けますね。

2　死後の世界がどのような世界かを知ること

それでは、死の準備として何が必要なのかということになりますが、一番大切なことは、死後の世界がどのような世界であるかを知ることです。もちろん死後の世界の存在を自分なりに確認することがまず必要です。

その確認ができましたら、次は死後の世界がさまざまに分かれていて、その世界で最高のものとして評価されるものが、利他愛と慈悲の心であるということを学ばれて下さい。

そして、自分の人生を振り返り充分な反省をされて下さい。

反省するということは、大きくは二つの意味があると思います。

i　客観的分析をなすことにより、自分自身の心のあり方と行動を、よりよく向上させることができる。

ii　自分自身の至らなさを神に詫びることで、謙虚さと、「人をも許す」という慈しみの心が与えられる。

反省は日々行うことが大切です。

3　この世の現実的な部分の整理

これらの事が軌道に乗りましたら、今度はこの世の現実的な部分の整理です。

何か争いになりそうな問題がありましたら、きちんと処理をして禍根を残さないようにした方がいいでしょう。遺言書も作成しておくと、意味のない内輪もめを防ぐことができます。

また自分の葬儀をどのようにするのかなども、決めておくといいと思います。

これらのことは、50代に入りましたら毎年、自分の誕生日などに確認しておく習慣にするといいでしょう。「まだ早い」、と考えられるかも知れません。しかし、何があるか不透明なのがこの世です。

吉田兼好は、「徒然草」の中で次のように述べています。

世に従はん人は、まづ機嫌を知るべし。ついで悪しきことは、人の耳にもさかひ、心にもたがひて、その事成らず。さやうのをりふしを心得べきなり。但し、病をうけ、子うみ、死ぬる事のみ、機嫌をはからず。ついで悪しとて止むことなし。生・住・異・滅の移り変はる、実の大事は、たけき河のみなぎり流るるがごとし。暫しも滞らず、ただちに行ひゆくものなり。されば、真俗につけて、必ず果たし遂げんと思はん事は、機嫌を言ふべからず。とかくのもよひなく、足を踏み止むまじきなり。

＜訳＞

世のならわしに従って生きようとする人は、まず、時機を知らなければならない。時を得ないことは、他人の耳にも逆らい、心にも合わなくて、そのことはうまくゆかないものだ。それにふさわしい時機をわきまえねばならない。ただし、発病・出産・死ばかりは、時機の適否とかかわりがなく、その時ではないといっても避けられない。それら、

生成・存続・変化・死滅という重大な摂理は、荒河が水勢豊かに流れるのとよく似ている。一瞬も停滞せず、たちどころに現実のものとなってゆくものである。だから、仏道修行であれ俗事であれ、かならず決行しようと思うことは、時機にこだわってはならない。あれこれと準備に手間取ったり、中止してはならない。

兼好の指摘はまさに正鵠を射ています。私たちは、どのような年代であろうと、いつも死の危険にさらされているのかも知れません。別の言い方をすれば、生まれた瞬間から死に向かって歩いているのです。それならば誰もが本当は、共通の仲間なのです。その仲間が、毎日いがみあったり、憎しみあったりして暮らしているのです。愚かなことと思われないでしょうか。

4　先祖供養のこと

先祖供養の必要性がよく言われます。もし、先祖供養が親孝行と同じようなものであれば、これは当然に必要なものでわざわざ言うまでもないことです。両親や祖父母は私たちを手塩にかけて育ててくれました。

それに報いる最大のことは何でしょうか。立派な祭壇をつくることでも、高価なお墓を建てることでもありません。

もし、私たちが先祖の側にいるとしたら、子孫に先祖供養として何を望むでしょうか。子孫が助け合い、思いやりと慈しみの心でたくさんの人に奉仕してほしいと望むことと思います。つまらないことでいがみ合うことなく、許す心を持って平和な社会を築き上げてほしいと願うのではないでしょうか。

もし、子孫に悪さをしたり、立派な祭壇をつくってほしいという先祖がいましたら、その先祖は浮かばれていないということです。つまり天国にいないということ、地獄に近いところにいるということです。

そのような、浮かばれていない先祖の霊に、浮かばれてもらうにはどうしたらいいと思いますでしょうか。死後の世界を知らないお坊さんに、お経をあげてもらったところでたいした供養にはならないでしょう。また、力のある霊能師にあげてもらっても、また子孫のところに戻ってきてしまうかも知れません。それは強制的にただ一時的にあげてもらっただけで、本人の心からの改心ではないからです。

そして、子孫のところに再び戻ってきた霊と、子孫の波長が同じだと、その子孫の中に浮かばれていなかった霊が入りこんでしまいます。

つまり、いくら先祖供養をしても、先祖自体の心が変わらなければ、意味のない繰り返しが続くだけのことになります。浮かばれていない先祖の霊があるならば、彼らの心を変えてあげることが真の先祖供養ではないでしょうか。

ただ、家に悪いことばかりが起きている家庭で、お墓を直したり、先祖供養のお経をあげてもらったらぴたっと悪いことが収まったという話を聞いたことがあるかも知れません。これも本当の話の場合があります。これはどのようなことかと言いますと、欲しいものが買ってもらえない我儘《わがまま》な子どもが足をバタバタさせて騒いでいる、それをやめさせるために、「坊や良い子だから静かにしてね、静かにしてくれれば坊やのほしいものは何でも買ってあげるからね」、というようなものです。買ってあげれば、子どもはしばらくはおとなしくなるでしょう。でもしばらくだけです。

これは根本的な解決にはなりません。また、しばらくすると我儘を出すことになります。

真の先祖供養は、そのような形式的なものではありません。では、本当の先祖供養というのはどのようなものなのでしょうか。

それは、子孫が（本当は子孫に限られるわけではありませんが）、浮かばれていない先祖霊に毎日愛の祈りをすること、真理を説いてあげることです。また愛とはどのようなものかを実践で示してあげることです。

そうすることにより、先祖霊は自分の生前の行為のどこに問題があったのか、どうして自分はこのような暗い世界にいるのかが分かってくるようになります。これが本当の供養です。

また、先祖供養については、日本の場合、先祖代々のお墓が存在するためにとくに問題になるという背景もあります。お墓が、個人個人という形で、場所も点在していれば、このような先祖供養という問題は先祖霊の方でもあまり問題にしなかったと思います。

先祖の因縁というのも日本の墓地制度と関連があると思います。

代々のお墓があるので、浮かばれていない先祖霊も文句が言いやすいし、憑依もしやすいということになるわけです。

5　お墓参りのこと

お墓参りはなぜするのでしょうか。お墓には亡くなった身内や、先祖がいるわけではありません。少なくとも悟った霊はいません。ただ、悟った霊であるならば、自由に移動ができるので、法事のように、集う人々が心を合わせて亡くなった人に愛の想いを伝えるということであれば、亡くなった霊は来るでしょう。しかし普通はお墓にはいません。いても問題のある霊です。

霊媒体質の人がお墓に行くと気持ち悪くなるという話をよく聞きますが、これは何を意味しているのでしょうか。少なくとも良い霊はお墓にはいないということです。もっとも、そのお墓が寺の中にあり、そのお坊さんの家族が愛の心を持って調和した生活を営み、霊たちを導いているならば、問題のある霊はいないと言えます。理由は、その寺のお坊さんや人々の愛の想いを通して、浮かばれていない霊は自分たちの間違いを知らされるからです。

亡くなった人に祈りを捧げるのに場所も、時間も関係ありません。

お墓での祈りが、亡くなった人に通じやすいということも絶対にありません。

ただ、私たちは、祈るという行為があまりにも疎《おろそ》かになっています。お墓に行けば、必ず手を合わせる。そうすれば祈ったことになる。自分も満足する。このような理由からお墓参りが行われているように思います。

けれども、お墓参りに行った時以上にする祈りを、家やその他の場所で行っている場合は、お墓参りは意味の薄いものになります。

しかし、普段は亡くなった人の祈りはしていないし、存在すら忘れているという人には、お墓参りは祈りの機会を提供してくれる絶好のチャンスでしょう。それでも、一年に二回くらいしかお墓に来て祈らないというのもこれはこれでとても問題だと思います。

ジョージ・アンダーソンは祈りの意味を次のように述べています。

……祈りは霊の魂の成長を助ける効果もあるんです。聖書にもその言葉が見られますし、時に苦しんで亡くなった霊や自殺した霊にとって、地上の人の祈りは、霊的に絶大な効果があります。この世にいたときに、その人を愛で包んだように、祈りはあの世の霊を、愛と暖かさで絶え間なく包むんです。

祈りを通じてあの世に送るプラスのエネルギーは、あの世で霊が自分自身を発見し、進歩するうえで、助けになるんです。

このジョージ・アンダーソンの言葉に触れるたびに、祈りの大切さを思い起こされます。心を込めた祈りを毎日続けること、それは亡くなった方への大きな励ましであり、愛の行為になります。

お墓の問題に戻りますが、次のような記事が新聞にありました。

内容は、自然葬についてのもので、京都で開かれたシンポジウム「自然葬を語る集い」を取材した記事です。

「葬送 還りたい場所へ」

シンポジウムは葬送のあり方を問い直し、遺灰を海や山へ還す自然葬を進めるNPO法人「葬送の自由をすすめる会」（安田睦彦会長）の創立20周年を記念して開かれた。主催者である安田会長は「檀家制度と墓地埋葬法の影響で墓地葬が当たり前のことと考えられてきたが、核家族化で墓の守り手がいなくなりつつある、墓地造成は山林などの緑の破壊につながっている、高額な費用を要求しながら心のこもらない葬送ビジネスへの反感などから、自然葬への関心は高まっている」と話した。

死者とかかわる場をどう確保するか。近年両親をなくした歌人の道浦母都子さんは、「父母の墓を建てたが夫も子もいないので私の代で墓を守る人がいなくなる。どうすればよいのか」と話し、自身は「墓には入らない。人は海から生まれたと思うから、海に還りたいと思っている。自分が死んだら、葬儀はこのようにしてほしいというエンディングノートを用意しておくことが大事だ」と述べた。

仏教学者で国際日本文化研究センターの末木文美士《ふみひこ》教授は、「お墓には亡くなった人と残された人がかかわる場という意味合いがある」と指摘し、「お墓がなくなったら、その代わりに死者とかかわる場をどう確保するかが問題だ。死んでいく人の自己決定権と、残される者の思いをどうしたらよいかを考えていく必要がある」と話した。これに

対して安田会長は「亡くなった人は生者の心にあるうちは生きている。忘れられた時に死ぬのだと思う」と述べた上で、「海に遺灰をまいたら海を見るたびに思い出すことが大事だ」と話し、墓がなくても死者とかかわることはできるという見方を示した。
２０１０年３月29日付け朝日新聞夕刊「こころ」より

おそらくこの問題は個人個人の選択に任せられるということになると思いますが、これまでのいわゆる「葬式仏教」では、宗派によってなのでしょうが、何十万、何百万とする戒名代が大きな負担になっていたように思います。またそのことが寺院に対する不満としてあったように思います。

直子　戒名って必要なものなのでしょうか。
真人　直子さんは欲しいですか。
直子　自分が直子という名前でこの人生を生きてきて、そしてもう一つの世界に行くときに名前が変わってしまうのは嫌です。自分が生きて来た証しが、自分の名前に刻まれていると思うのです。
真人　そうですよね、僕も同じ考えです。だいたい亡くなった人の戒名を覚えていて亡くなった人を戒名で言う人など一人もいないですよね。ただ、これはお寺の経営の問題がからんでいるのかと思います。でもこれは檀家への大きな経済的圧迫になりますし、改善しなければいけない問題だと思います。ただ、お寺を維持していくためにこの戒名という制度があるのだとしたら、むしろお寺をどのように維持していくかという観点から考えた方がいいと思います。例えば、お寺で定期的に「法話の会」などを開き、会費を徴収したりしてもいいと思います。

高橋信次さんは、戒名について次のように述べられています。

人間は戒名が立派だから良いのじゃないのです。あの世では、戒名で呼ぶことはまずありません。あの世では、戒名は通用しないのです。

皆さん一度、新興宗教か何かで拝んでみてもらってください。おかしいですよ。矛盾がありますよ。拝み屋さんは、大抵先祖の話をしてきます。何代前の先祖が恨んでいるとか、どこどこの先祖の祟《たた》りとか言ってきますが、その時に、○○○院殿という戒名は出てきませんね。

それは、日本の仏教の歴史上において、お坊さんも檀家という組織の中で生活していかなければならないので〝戒名〟も必要になってきたのです。しかし、戒名にこだわる

ことなく本来やらなければならないことはいっぱいあるはずです。

（GLA昭和49年3月10日、関西本部定例講演会）

お墓参りの結論ですが、普段、亡くなった方への祈りができないとか余裕がないという方は行かれることを勧めます。これとは反対に、亡くなった方のことを思い、時には写真などを見ながら毎日祈っていますというような方は、それで充分というかむしろ望ましい形だと思います。

6　宗教と信仰の違い、キリスト教・イスラム教・仏教の違い

直子　すみません。宗教と信仰の違いというのがよく分からないのですが教えてくれますか。

またキリスト教、イスラム教、仏教の違い、それから如来、菩薩とか密教の意味も教

えて下さい。また、そもそも宗教や信仰というのは、人間に必要なものなのでしょうか。

真人　分かりました。まず帰納法的に宗教や信仰が、日本人にはどのような存在として位置づけられているのかという点から見ていきますね。

○日本人の宗教、信仰観

「宗教」や「信仰」という言葉から受けるイメージは、人によって大きくは3つに分けられると思います。

① 人間になくてはならぬもの（親近感）
② 偏った人間がすがるもの（軽蔑感）
③ 自分とはまったく関係のないもの（無視）

このように見方が分かれるのは、その人の人生観や価値観が大きく影響していると言えます。

①の答え、人間になくてはならぬものと考えている人は、次のような理由が挙げられるでしょう。

1　子どもの病気や、配偶者との死別、おそいかかる不幸の訳と安堵《あんど》の心が欲しかったから。

2　日々の生活に疲れ、人間関係に疲れ、社会に疲れ……この歯車社会とは異なる基準のものが欲しかったから。

3　人生や人間の生きる道を考えていくとどうしても壁にぶつかってしまう。宇宙物理学を研究している自分は、種々の現象は把握できても、それを成り立たしめているものが何か、またなぜ成り立たしめているのかは分からない。その答えを自分は宗教の中に見出したい。

4　死に逝く人々を見つめながら、彼らはなぜ生まれ、なぜ死んでゆくのか、また同じように、自分はなぜ生きているのか、死んだらどうなるのかと考えると不安におそわれ、どうしてもその答えを求めずにはいられない。

②の答え、偏った人間がすがるものと答えた人はどのような根拠からでしょうか。

1　自分は目に見えるものしか認めない。神仏にすがったところでそれは幻想だ。人間死んだら、それで終わりだ。この事実をねじ曲げる宗教は間違っている（自分自身の信念から）。

2　Aさんの奥さんは、ご主人に内緒で定期預金を解約し、入信している宗教団体にお布施をしたのが原因で離婚してしまった。またBさん夫婦は、仕事以外の時間は宗教団体の奉仕に明け暮れている。そして時間があればお題目を唱えている。それなのに夫婦仲は悪くいつもケンカばかりしている。宗教なんて人間をダメにしてしまうものではないだろうか（他人のあり方を見て）。

3　自分は信仰は持っているつもりだ。しかし社会に存在する宗教をみるとすべて疑わしいように見える。建物を建てる為のお布施を多く納めた人と、人をかき集めた人、そうした人が教団内部で出世していくという。宗教は人の心に安らぎを与えてくれるものなのに、競争意識の不安と、懐疑心と焦りを生みだすだけのものではないのか。また歴史上、魔女狩りや、宗教戦争などのむごい実態を知ると、宗教などかえってなかった方がよかったと思う。

この他にもまだまだ挙げられるでしょう。

③の答え、自分とはまったく関係のないものと答えた人は、その人の人生では、信仰

も宗教も不要なのでしょう。ただ、カミュはこの世の不合理、不条理を示しながら、「だから神はいないのだ」と、これでもか、これでもかと読み手に問いかけています。しかし、その態度は決して神を無視しているのではなく、むしろ神を問題にしながら、つまり神がいることを前提にしての神への問いかけであるように思えます。「会えば思わず手を握りたくなるような」人間味に溢れていたというカミュは47歳の時、交通事故で急死してしまいました。カミュは、本当は神の存在を信じていたのかも知れません。

これに対してサルトルは、神がいようといまいと関係ないという立場をとっています。

☆カミュ（1913〜1960）フランスの実存主義作家。アルジェリアに生まれ、新聞記者などをしながら文学と演劇に関心を高め、パリに出て1942年に小説『異邦人』と評論『シーシュポスの神話』を発表し、人生の不条理を直視しながら生きる姿を描く実存主義作家として注目された。

☆サルトル（1905〜1980）フランスの実存主義の哲学者・文学者。無神論的な実存主義を説いた。1943年に主著『存在と無』を発表し、戦後は雑誌「現代」を主宰し、フランスに実存主義のブームを起こした。

このように見てくると、信仰や宗教を肯定する立場に立とうと、否定する立場に立とうと、それは個々人の価値観、個々人の信念、その人が歩いてきた環境という道、これらが大きく作用していることが分かります。

○信仰と宗教の意味

事実面についての内容がきちんと確認できる、理工系や社会科学系の分野では、言葉の正確な定義づけが可能でしょう。しかし、信仰とか、宗教という分野になると、誰もが納得する定義づけは困難です。理由は、その真偽の判定が困難だからです。

ここでは、信仰と宗教を次のように定義づけておきます。

「信仰」

ある対象の存在を、継続して信ずるか、あるいは信じているのと同じように行動すること。

信仰をこのようにとらえていくと、神仏の存在を信じている人はもちろんのこと、ある社会制度の実現を信じて活動している人も信仰者ということになります。

また、例えばキリストの「神は愛なり」「これらのいと小さき人の為になしたことは、すなわち私になしたことなのである」という言葉をもとに、また釈迦の「一切の生きとし生けるものに対しても、無量の慈しみの心を起こすべし」という言葉をもとに、人々への愛と思いやりに生きた人々も、信仰者と言えるでしょう。

「花さき山」という絵本があります。

これは、主人公の女の子が山の中で迷ってしまった時、この世のものとは思えない、美しい花々の咲いている場所に遭遇するところから話が始まります。そこに住むやまんばは、その女の子にその花の由来を説明します。「これは人間が、他人のことを思って何か良いことをすると、そのたびに一輪ずつ咲くのだよ。そこの花は、お前が妹のためにほしい着物を我慢したことがあったろう。妹はお前のお陰で着物を買ってもらうことができ、とてもよろこんでいた。これはその時に咲いた花だよ」と教えます。その言葉を聞いた女の子は、里に戻ってからも、自分が人の為に良いことをした時、「あっ、また一つ花が咲いたのかな」と思いつつ人の幸せの為に生きるという話です。この女の子の生き方も、信仰に向けられていると言えるでしょう。

「宗教」

信仰を土台にしつつ、啓示という形にせよ、人間の思考から出たものにせよ、ある一定の体系性を持った教えを有するもの。

さまざまな性格の人がいるように、宗教団体の存在もさまざまです。キリスト教、イスラム教、仏教のように世界に広がっていった普遍性を有する宗教から、場末の得体の知れない人の行っている宗教の類に至るまでを含めると夥しい数になるでしょう。

人はなぜ、信仰や宗教を求めるのでしょうか。①で述べました、人間になくてはならぬものをもう少し詳しくみていきたいと思います。

○信仰と宗教と人との関わり

「信仰」という言葉を分解すると、「信じて仰ぐ」という意味になります。

何を信じて仰ぐのでしょうか。

信ずるというのは、ある対象物の中身が分からないか、未来のことに関しての予測可能性が低い場合に初めて登場する言葉です。

一例をあげましょう。A子さんは、「来年は結婚しよう」というB男君の言葉に頷きました。しかし、それ以来A子さんは、さまざまな不安にかられます。「B男さんは、女性にもてるから心変わりしないだろうか」「B男さんの両親に嫌われたらどうしよう」

これらの事は、すべてこれからに向けた未知のことです。現在とこれからの未知な部分、この空白部分を埋める為に、「信じる」という心の状態が働くのです。

また信仰は、他者への思いやり、いたわりを中心としたものだけでなく、自分自身の心の安定とか、自分自身のエゴを充たす為にも対象とされます。「信じられるものはお金だけ」と公言している人は、お金に対する信仰を持っていると言えます。

そして、宗教は抽象的なままでとどまっていた信仰に、具体性と体系性を付与したものと言えるでしょう。ただ、具体性といい、体系性といい、その内容や範囲はかなり千差万別です。それゆえ、私たちはそれぞれが宗教に関しての一定の価値基準を持つことが大切です。なぜならば、私たちが共同社会に住み、法律をつくり、諸々の約束事を取り決めるのは、それぞれが幸福な生活を営む為であり、宗教の側にそれに反した行動をさせないことは当然のことだからです。

これは、もし私たちが宗教の側に立ったとしても、肝に銘じておかなければいけないことです。見えない世界のことゆえ、一歩間違うと宗教ほどおそろしいものはないかも知れません。しかし、それでも、宗教が大手を振って歩けるのは、人間には未知、予測不可能性の領域が存在の根本のところに根をおろしているからなのです。

○信仰や宗教は人間に必要なのか

私たちは、どこから、何のために生まれてきたのかも分からず、この世を去っていかなければならない存在です。このことを思いますと、信仰や宗教は人間の本質的部分と切り離せないように思います。

しかし、ここで大切なことは、だから手当たり次第に何でも信じて、拝めばよいというものでは決してないということです。

信仰や宗教に対して、私たちは、二つの根本的な態度を維持することが大切です。

①一つは一定の事実を基盤にすること、②もう一つは、教えの根本に、利他愛が存在していることです。これについて、次に少し詳しくみていきます。

①一定の事実を基盤にしていること

人間がこれまで築き上げてきた科学技術や、事実として存在するものを否定するのは間違っているでしょう。また、反対に霊的世界のことに関しては、むやみやたらに信じるのではなく、事実を武器に慎重さをも持たないといけません。キツネが憑いていますよと言われたら、その根拠を問いただし、なぜ憑いているのか、その理由を具体的に示してもらうべきです。先祖供養が足りないと言われたら、真の先祖供養とは何かを問いただすべきです。

真の先祖供養は、子孫たちが仲良く助け合って暮らすこと以上のものはありません。「あなたの不幸は、前世の因縁だ」と言われたら、そんなことを真に受ける前に、自分の考え方、心の持ち方に問題はないかを真剣に振り返るべきです。見えない世界だからこそ、あくまでも事実を基盤に、少しずつ慎重に手ごたえを確認しつつ歩いて行くべきです。

また、霊的世界のことに関しては頑なに否定するのも正しい態度とは言えません。ジョージ・アンダーソンによる死者の霊とのコンタクトは、確かに人間の霊は、死後も生きているということを確認させてくれますし、高橋信次さんの霊道現象は貴重な事実資料であると思います。

②教えの根本に、利他愛が存在していること

キリスト教、イスラム教、仏教の根底にあるものは等しく同じです。それらは、他者への愛と慈しみを命じています。

○キリスト教・イスラム教・仏教の違い

世界三大宗教としてキリスト教、イスラム教、仏教があります。この中でキリスト教、イスラム教と仏教は根本的に異なります。キリスト教とイスラム教には、この世界を創造した全知全能の神がいます。仏教にはこのような神はいません。

キリスト教は、イエス＝キリストの教えに基づき、彼を神の子キリスト（救世主）として信仰し、その福音に救いを求める宗教です。またイスラム教は、7世紀の前半に預言者ムハンマドによって開かれた宗教で、唯一神アッラーへの信仰を説きます。アッラーの教えは預言者ムハンマドを通して啓示され、コーランという聖典に記されています。キリスト教との接点は、神アッラーは、人類の祖アダム、アブラハム、モーセ、イエスなどに啓示を下してきたが、究極の教えを最後の預言者であるムハンマドに啓示したとされています。

これに対して仏教では、神はいません。個人の悟りということが基本にあります。釈迦は入滅して如来になりました。如来とは悟った人を言います。

しかし、そのような悟った人、如来は他にもいるということで大日如来や、薬師如来、阿弥陀如来が生まれます。これらの如来は、釈迦と異なり実在の人物かどうかは分かりません。

またさらに如来になることを求めて修行している者として菩薩という存在が考えられ菩薩信仰が生まれました。

また不動明王というのは、如来や菩薩の守護神です。そして、天部《てんぶ》というのは、帝《たい》釈天《しゃくてん》、梵天《ぼんてん》、弁財天、吉祥天《きっしょうてん》などです。これらはバラモン教から仏教に編入された異教の神々の総称です。これは仏教が諸国に拡大してゆく中で、その土地その土地の神々が編入されたものです。仏教の守護神といえます。ついでに羅漢《らかん》とは、修行僧の中の最高ランクの人たち、釈迦の高弟たちです。それから、祖師《そし》というのは、各宗派の開祖《かいそ》のことを言います。

この仏教は、釈迦の死・入滅により、幾つもの形に分裂していきます。そして枝分かれしたのがまた枝分かれして、新しい宗派をつくっていきます。仏教が日本に伝えられたのは釈迦入滅後およそ千年を経過してからです。

そして密教が関係してくるのは、真言宗です。真言宗の開祖は空海という平安時代初期のお坊さんです。この真言宗は、普通密教とよばれています。

では仏教と密教はどこが違うのでしょうか。ここでは、マントラという言葉が重要になってきます。マントラというのは、インド人が古代から用いてきた神に祈る言葉、呪文のようなものです。釈迦はこのマントラを重視しませんでした。

マントラでなく、瞑想と禁欲生活により悟りを開く道を示しました。

しかし、釈迦が入滅して数百年経ち、大乗仏教が生まれるとマントラを取り入れるようになりました。例えば法華経で、陀羅尼《だらに》という言葉はマントラです。

しかし、大乗仏教では、あくまでも六波羅蜜《ろくはらみつ》が修行の中心です。マントラは従です。

六波羅蜜というのは、大乗仏教の求道者が実践すべきとされている6つの徳目です。徳目というのは、道徳の具体的内容という意味です。これには、

①布施（ふせ）　　分け与えること
②持戒（じかい）　　戒律を守ること
③忍辱（にんにく）　　迫害困苦を耐え忍ぶこと
④精進（しょうじん）道を修める努力を継続すること
⑤禅定（ぜんじょう）精神を統一し心を安定させること
⑥智慧（ちえ）　　実相を悟って迷いを離れること

があります。

しかし、マントラを修行の主体とする新しい仏教が生まれました。これが密教です。

密教は手に印を結び、口でマントラを唱え、心に仏を念ずる時、仏の力が加わって成仏するという思想です。印を結ぶという意味は、両手の指を様々に組み合わせて宗教的な意味合いを持たせるという意味です。

菩薩道という、人に慈悲や温かさを与えるということを実行しながら、なおかつ煩悩に覆われた自分と向き合いつつ、徐々にカルマという因縁から解放されることを目指すのが大乗仏教なのに対して、密教は印を結ぶことと、マントラにより、その因縁から解放されることを目指します。

直子　3つの宗教の違いや、仏教のいろいろなことがとても分かりやすく理解できました。あと、仏教と密教について、どちらがいいと思いますか。

真人　大切なことは仏教の菩薩行に沿った生き方だと思います。しかし、密教の印が効果的に生きる場もあると思います。例えば、祈る時に僕たちは、手を上げてしかも手を振りながら祈るというようなことはしません。このような体勢では落ち着いて、静寂な気持ちで祈るということ自体難しいでしょう。

手を合わせて祈るということは、左右に開いた手が合わさり、調和するということを意味しています。何かが成功した時は万歳、別れる時は手を振るというようにその時々に見合った行為があります。そうすると、印を結ぶということをある程度取り入れるのはむしろ自然な形のように思います。ただ、それが主になってしまうと本末転倒ということになってしまいます。

直子　よく分かりました。ありがとうございます。

7　子孫を残すということ

現代の日本では、少子高齢化が進んでいます。独身で人生を歩いて来られた方はそれほどの想いはないかも知れませんが、既婚の夫婦にとっては子どもが欲しいという方が圧倒的に多いのではないかと思います。また祖父母の方も孫を心待ちにしている方が多いように思います。

なぜ子どもが欲しいのでしょうか。

あどけない乳飲み子の顔が見たい、生きるはりにしたいという方が多いのかも知れません。しかし、さらに掘り下げて考えてみますと、子孫を残したいという願望があるように思います。その理由は血筋を絶やしたくないという部分が大きいようです。また自分の財産を譲渡したいという気持ちもあるのかも知れません。

この世に親子、同じ血筋として生まれてきたということは、確かに深い縁があると言えます。しかし、それだけのこととも言えます。

『スピリチュアリズム入門』の本では、以下のように説明されています。

男女愛と同様、地上における「家族愛」は往々にして排他性と利己性をおびています。常に自分たちの家族の利益を第一に求めます。親は自分の子どもの幸せだけを願い、自分の子どもの利益を優先して求めます。〝我が子だけが大切〟というのが、地上の大半の親子愛の実態です。地上の家族の結びつきは、いわゆる血のつながり（血縁）であって、どこまでも物質的つながり・物質的関係にすぎません。それは肉体本能による結びつきであって、霊的なものではありません。そのため大半の地上の家族関係は、霊界においては失われることになります。

地上の家族関係の中には、人間として体験すべきあらゆる種類の愛が存在します。親

子愛・兄弟愛・夫婦愛という、それぞれ異なった次元の愛を体験することで〝人類愛〟のリハーサルが可能となります。また他人に愛を与え、他人の愛を受け入れるという愛の基本的訓練が、家族関係の中でなされるようになっています。

しかし、その家族の内容が本能的で利己的なものであるとするなら、せっかくの家族関係は、霊的成長にとって何の役にも立たないことになってしまいます。そうした家族は死後、お互いが幽界で一時的に会うことはあっても、霊界に入るともはや一緒に歩むことはできなくなります。各自がそれぞれ霊的に成長し、霊的愛・利他的愛・普遍的愛を持てるようになったときのみ、霊界での再会が実現することになりますが、現実には死とともに大半の家族はバラバラになってしまいます。

地上で血縁的関係を重視し、それに縛られた生活を送れば送るほど、霊的な家族の絆は薄くなります。地上世界における利己的愛・自己中心的意識は、霊界では必ず拭い去らなくてはならない時を迎えるようになります。この意味で地上における血縁信仰や家信仰には、大いに問題があります。地上では、とかく血筋・血縁を重視する傾向が強いのですが、それは霊界では全く通用しません。霊界では、地上のような親子関係も家族関係も血縁関係も一切存在しません。霊界では「霊的愛・利他的愛」のみが、唯一の人間関係をつくる絆となるのです。

8　現代の家族の特徴

現代の家族の方を見ていますと、大きく二つに分かれるように思います。

ひとつは、自分の家族さえよければいいというパターンです。他人のことも考えていそうな部分はあるのですが、それはあくまでそうした方が自分もプラスになるからなのです。自分の子どもや孫には豊富にお金を出しても、他人の子となるとわずかのお金さえ出し惜しみます。

もうひとつは、自分の家族の幸せを通して、より広い範囲に援助の思いを家族みんなで広げていくパターンです。あるいは、自分たちの援助が限界だと思うと、行政や立法に働きかけたり、社会的に援助の輪をひろげていこうとされます。このパターンの方も意外に多いことを知りうれしい思いをした経験があります。

霊界では、この世で利己的な狭い愛に終始した家族ほどバラバラになっていくのです。そして会うこともなくなります。

しかし、この世で家族愛から、広い隣人愛に向けて生きた家族は霊界でも、強い結びつきが維持できます。それは家族ゆえではありません。その家族が他者への愛にむけて生きた同朋だからなのです。

この世の家族というのは利己的な家族愛になるほど、霊界では無縁の人になっていくのです。このように考えていきますと、子孫を残すということはそれほど大きな意味はなくなってきます。結婚して子どもがいる家庭は、社会みんなの幸せを考えまたその実践をすることが大切ですが、子どものいない夫婦は夫婦の愛情を通して、利他愛を実践していけばよいのです。

9　守護霊と先祖

また、守護霊について述べますと、よく何代前の先祖が守護霊だというように話している霊能者の人がいますが、理性的に考えても何代前の先祖はその子孫を元々知らないわけで、このような先祖が守護霊になる必要も、必然性もありません。確かに亡くなった親しい身内が気づかって来ることはありますが、そのことと守護霊に血筋の同じ人がなるというのは別個の問題です。

直子　守護霊のこと、もう少し詳しく話してくれますか。

真人　はい、まず守護霊の一般的な説明を、『続スピリチュアリズム入門』という本から紹介させてもらいますね。

●どのような人間にも、必ず一人の守護霊が付いている

受胎の瞬間から死を迎えるまで、地上人には必ず一人の「守護霊」が付き添います。また死後においても、その関係が続くことがあります。地上人の中で、この守護霊のいない人間はいません。どのような人にも、必ず一人の守護霊が付いています。守護霊は、親が我が子を見守るように、深い愛情を持って献身的に私たち地上人を助け導いてくれるのです。

●守護霊の使命

守護霊は、地上人の運命をあらかじめ知っています。守護霊は霊界において、上層の

指導霊から地上人の守護霊になることを要請されます。そして自分が担当する人間のカルマや人生行路を理解したうえで、守護霊としての任務を引き受けることになります。

守護霊は、地上人の霊的成長のために可能なかぎりの指導と援助をします。そうした行為を通して、自らも霊的成長の道を歩むことになるのです。地上人を助けることによって自分のカルマ（前世でつくった悪い因縁）を切ったり、霊的成長の未熟な部分の埋め合わせをすることになります。

●守護霊と地上人の霊性レベルの一致

守護霊は多くの場合、同一類魂のメンバーです。深い霊的親和性で結ばれている一人のメンバーが、地上に再生する仲間の霊（人間）の援助と導きをするために守護霊として任命されるのです。同一類魂のメンバーであるということは、双方の霊的成長レベルが等しいということです。この事実は、霊的成長レベルの高い地上人には霊性の高い霊が守護霊となり、霊的成長レベルの低い人間にはそれ相応の未熟な霊が守護霊となる、ということを意味します。

これまで日本のスピリチュアリズムでは、守護霊は四～五百年前の先祖の中から選ばれると言われてきましたが、血縁者が守護霊になるケースは稀です。守護霊は血縁関係によって決められるものではありません。〝霊的親和性〟――すなわち「霊的成長レベル」

や「カルマ清算」という純粋な霊的要因によって決められるため、大半が血縁的には関係のない霊が守護霊となります。

直子　同一類魂というのはどのような意味なのでしょうか。以前、スウェデンボルグの『霊界日記』という本を読んだのですがその中に、スウェデンボルグが霊界のある村に行った時に、自分が昔から知りあいだったようななつかしい顔の人たちがたくさん集まってくれたという話がありましたが、その村と同一類魂を同じようなものと理解していいのでしょうか。

真人　そうです、同じものと理解して構いません。スウェデンボルグは、生きながら霊界に出入りができ二十数年間それを続け、霊界で見聞したことを、『霊界日記』という書物に残しています。まさにその霊界の村と類魂グループが同じものと言えます。

このグループの人の誰かが守護霊になるというのは、考えてみたら当然のことですよね。守護霊としての役割を最も果たせる人ですよね。霊界の本質が分からない人が、その人の傍にいる身内の人を守護霊と誤解したようなところから、先祖が守護霊というような誤った見方が広まってしまったのでしょう。

直子　何かすっきりしました。

☆エマニュエル・スウェデンボルグ（1688～1772）　スウェーデン人。自然科学、数学、物理学、哲学、心理学など20もの学問分野で、多くの業績を上げた天才であると同時に、巨大な霊能力の所有者としても世界中に知られる。1747年、いっさいの科学的研究の活動を放棄し、後半生の約30年間、心霊的な生活と霊界の研究に没頭した。生きながら霊界に出入りする「霊的生涯」を送り、ヨーロッパ中の大きな話題を集めた。彼が霊界で見聞、実体験してきたことを書き記した膨大な著書は、現在もロンドンの大英博物館に保管されている。（中央アート出版社『霊界』より引用させて頂きました。）

第Ⅳ章　死後の世界

1　死後の再会はあるのか

直子　死後の世界のことについては、第Ⅱ章のところで、説明してもらいましたので理解できました。ここでは、幾つかの角度から、疑問に思っていることなどを説明してもらっていいでしょうか。

真人　いいですよ。なんでも聞いてください。

直子　まず、死んだ後に親しい人と本当に再会できるのでしょうか。

真人　はい、シルバー・バーチも、ジョージ・アンダーソンもみな同じように死後の再会はあると明言しています。ただ、いわゆる下の世界にいる霊は再会の場所には来られません。霊界もやはり基本は、利他愛で貫かれている世界です。いま、僕たちが生きている世界も、次の世界もすべて利他愛の原理で支配されています。

直子　では親しい仲間や、肉親とずっと一緒にいられるのでしょうか。

真人　それは、レベルの問題になります。霊界には段階があります。もし直子さんが一緒にいたい相手が、直子さんと同じ段階ならば、一緒にいることは可能です。けれども段階が違うと無理です。

直子　段階が違っても、時々会うことは可能でしょうか。

真人　この点についても、シルバー・バーチも、ジョージ・アンダーソンも、高橋信次さんもみな同じように述べておられますが、段階が違うと会うことはできません。ただ、上の人が下の人に会いにいくことはできます。

直子　分かりました。今度は、死ぬ瞬間から、死への過程について説明してもらえますでしょうか。

2　死ぬ瞬間の過程

真人　そうですね、それでは、生きている人が死の瞬間を霊視している描写を述べているのと、霊界の側でシルバー・バーチが述べているのと二つを紹介してみましょうか。

アメリカの心霊研究家で、優れた霊能者でもあったハドソン・タトルは〝死の瞬間〟

を霊視して、次のように述べています。

徐々に霊体は手足から抜け出し、頭の方に凝縮する。やがて頭頂から後光が現れ大きくなる。次第にそれは形を現し、ついに抜け出した肉体と全く同じ形になる。霊体は高く上がり、一個の美しい霊が私の前に立つ。他方、肉体は下に横たわっている。だが一本の細いコードが霊体と肉体をつないでいる。このコードは次第に薄れていき、やがて消滅する。こうして霊は永久に地上と縁を切るのである。

次に、シルバー・バーチの説明を上げてみます。

死とは物的身体から脱出して霊的身体をまとう過程のことです。少しも苦痛を伴いません。ただ、病気または何らかの異常による死にはいろいろと反応が伴うことがあります。それがもし簡単にいかない場合には霊界の医師が付き添います。

そして、先に他界している縁者たちがその人のコードが自然に切れて肉体との分離がスムーズに行われるように世話をしているのを、すぐそばに付き添って援助します。

次に考慮しなければならないのは意識の回復の問題ですが、これは新参者各自の真理の理解度にかかっています。死後にも生活があるという事実をまったく知らない場合、あるいは間違った来世観が染み込んでいて理解力の芽生えに時間を要する場合には、睡眠に似た休息の過程を経ることになります。

その状態は自覚が自然に芽生えるまで続きます。長くかかる場合もあれば短い場合もあります。人によって異なります。知識をたずさえた人には問題はありません。物質の世界から霊の世界へすんなりと入り、環境への順応もスピーディです。意識が回復した一瞬は歓喜の一瞬となります。なぜなら、先に他界している縁のある人たちが迎えに来てくれているからです。

3 霊界について

直子　分かりました。詳細な観察にかなり衝撃を受けました。次の質問なのですが、霊界についての簡単な説明をしてもらえますでしょうか。

★霊界とはどのようなところか

真人　分かりました。人は死により、もうひとつの世界に行きますが、この世界を霊界と言います。そして霊界に行く前に、まず精霊界というところに行きます。精霊界というのは、死んだ人が地上を去ったばかりで、まだ自分の置かれた新しい環境に慣れきれず、地上にいたときと同じ考えや感情、欲望などに支配されている世界です。

そして、そのような地上の思惑から抜け出て、新しい境遇に目覚めた人の行く世界が霊界です。

この霊界は、大きくは上、中、下の三つの世界に分かれています。上は天国、下というのは地獄と言われるところです。そしてこの上、中、下の世界のそれぞれに、無数の団体があります。

これが一つひとつの町や村を形づくって一緒に住んでいるのです。霊界の団体の数は、数千億あるいはそれ以上あると言われています。

霊界にこんなに多くの団体があるのは、霊となって肉体の束縛を脱したあとは、人がその本来の姿に返り、本来の霊的性格を取り戻す結果なのです。

永遠の生を送る霊界では、霊は自分を偽ることはできず、本来の性格に戻らなければ生き続けられません。

そこで本来の性格と合う者だけが一緒に集まって団体をつくり、生活を送るのです。

そうすると、性格の多様さに応じて無数の団体ができることになります。また同じ雰囲気を持っているのは、そこに住む霊の性格が同じだからです。

★利他愛は自分が上の世界に行きたいための打算的手段ではないのか

直子　分かりました。あと上の世界というのは、どのような人が行けるのですか。

真人　利他愛の心を持ち、利他愛に生きた人が行けます。

直子　そうすると、利他愛に生きれば生きるほど上の世界に行くことになり、反対に利己愛に生きれば生きるほど下の世界に行くということですね。

真人　そうです。

直子　私たちが、利他愛に生きるのは、死んだ後に良い世界に行くためなのでしょうか。

もし、そうならば私たちは、打算で利他愛を行うことにならないでしょうか。つまり自分が救われたいために善行を施すということにならないでしょうか。

真人　打算で利他愛を行うことは難しいと思います。いま、自分の目の前に子供を事故で亡くして、泣き叫び、苦しんでいる友人がいたとします。きっと、一緒に泣いたり温かい言葉をかけたり、肩を抱いたり手を握ったりするでしょう。

この時に『こうすれば私は死後良い世界に行けるから』などと考えてする人がいるでしょうか、いないと思います。

孟子という中国の思想家は、人間にはみな、他人の不幸を見過ごすことのできない『惻隠の心』があると言っています。孟子は次のように述べています。

「人にはみな他人に残忍でない心があると私が主張するわけは、今かりに、人が突然、幼児が井戸に落ちようとしているのを見たとしたら、誰もがはっと驚き痛ましく思う気持ちが起こる。そして助けようと思う。それは、助けることによって、幼児の父母に交際を申し入れたいと思うからではないのだ。村人や友人に対して名声を得たいと思うからでもないのだ。助けずに見殺しにしたという悪い評判を恐れてそうしたのでもないのである。ただ、幼児がかわいそうで助けなければと、思ったからなのだ」

このように孟子は、人間には、相手を、かわいそうだと憐れむ、『惻隠《そくいん》の心』があると述べています。僕も、人間には、こうした相手を憐れむ気持ちがあり、目の前に溺れている子どもがいれば、誰でも助けるのが、本来の人間だと思います。

もし、このような惻隠の心がない人がいるとしたら、そうした心を隠してしまうような、非人間的なひどい環境の中で育ってきた人だと思います。

結論としては、打算で利他愛を行うということは、不可能だと思います。また、もし死後良い世界に行きたいという動機で他人に善行を施しても、それはすでに利他愛とはまったく異なるものだと思います。

直子　そうですね、確かにそう思います。よく分かりました。

第Ⅴ章　利他愛と死への心がまえ

私たちは、この地球、この世界に生まれてきました。気がついた時、いま生きている自分がいました。自分とはいったい何者なのか、いま考えている自分というのはどのような存在なのか。いろいろ思いめぐらせても分からないという現実があります。

そうした中で、一年一年歳を重ねていきます。

また、私たちの命は、いつ、どうなるか分かりません。高齢になればなるほど死の確率は高くなりますが、それは低年齢では死なないということではありません。私たちの誰もが、明日はどうなるか分からないという現実の中で生きているのです。

そうした人生の中で、さまざまな障害が待ち受けています。家庭のこと、仕事のこと、頭を悩ますたくさんのことがあります。とくに死や病気のことになるとお手上げになってしまいます。人間の手には及ばないことがあるからです。そして、自分の手に及ばないこととなると、何かにすがったり、当面であっても、心の落ち着く場を求めます。それは、その時出会った組織や人や書物であったりします。

その時、良い出会いができるか、悪い出会いになるかでその後の人生に大きな違いがでてきてしまいます。

この世のものに落ち着く場を見つけられる人もいるでしょう。財産や家柄、学歴に大きな拠りどころを求める人もいるでしょう。そうした人の遺族は、その人が亡くなった時に、葬儀でその人の築いた財産や学歴をほめ讃えるかも知れません。

また信仰に心の落ち着く場を求める人もいます。本物の信仰なら、普遍的な真理を人々に伝えるはずです。普遍的な真理、それは利他愛です。キリストの教えも、マホメットの教えも、釈迦の教えも利他愛です。

私たちは，愛という言葉をあまりにも濫用してきてしまいました。

愛には利他愛と、もうひとつそれと全く正反対にある利己愛があります。宇宙の真理は、私たちに利他愛を要求しています。そして、この利他愛は、死後の世界を貫く価値ある法則です。どのように口でいいことを言おうと、利他愛が実践されていなければ、何の評価もなされません。

死後、私たちがどの世界に行くかは、この利他愛が基準になります。地獄とよばれる世界に行く人は、利他愛から遠く離れた利己愛に生きた人です。

私は新興宗教を否定するつもりはありません。実際新興宗教の中にも、良い教え、良い行いを指導している団体もあると思うからです。けれども、その多くは信者の人からお金と、新入会員を集めることに躍起になっています。つまりお金と数集めが信仰のバロメーターとなっているのです。おかしいと思われませんでしょうか。

また拝めば病気が治るとか、生活が豊かになるというかも知れません。しかし、これはただの現世利益の信仰ですよね。

利他愛とはまったく関係ない、Give and take. の、与えるそして与えられる世界のことです。この宇宙、この世界のワクは遥かに広く、大きなものです。

私たちが必ず死すべき存在ならば、何を人生の優先順位に持ってくるべきでしょうか。みんなが助け合い、支え合って、生まれてきてよかった、自己の心を磨くことができたと言えることではないでしょうか。

こんなに人間の存在が脆《もろ》い基盤の中で、なぜ殺し合いをしなければならないのでしょうか。

なぜ、人を押しのけたり、人を踏みつぶしたりするのでしょうか。なぜ、立ち上がれないほど人をいじめるのでしょうか。

マザー・テレサは、「たいせつなのは、どれだけたくさんのことをしたかではなく、どれだけ心をこめたかです」という言葉を残されています。私たちは、ともすると困っている人に、モノを与えることが良いことで利他愛だと思いがちです。しかし、それももちろん含まれますが、利他愛の世界はもっと広い世界です。

「心を込める」、このことを私たちすべての人が実践したら、この世界はもっと、遥かに良い世界になるはずです。マルティン・ブーバーという哲学者は、人が他者とかかわりを持つとき、そのかかわり方には二つのタイプがあると指摘しています。

ブーバーは、人間社会には、

①他者を自己の欲望充足の手段として扱う場（この場のことを、ブーバーは、〈われ—それの世界〉と表現しています）と、

②他者を一個の人格として扱う場（この場のことを、〈われ—なんじの世界〉と表現しています）があり、ここにおける他者は、抽象的な人格ではなく、自己が全存在をかけて向き合う対象であり、全存在をかけるとは、相手を癒し、生かし、高め、救うという限りない人間性に裏打ちされた行為であると述べています。

ブーバーは、愛は〈われ—なんじ〉の間にあると述べています。

ブーバーのいう愛は、利他愛です。ブーバーはさらに、利他愛と人間の生き方に関して次のように述べています。

■愛はこの世界に働きかけるものである。愛の中にある人、愛の中に見る人は、人間を

混沌から正しい活動へ解放する。その結果、愛の中に生きる人は、活動し、助け、癒し、教え、高め、救うことができる。

■愛が盲目である限り、いいかれば、愛が全体の存在を見ない限り、愛はまだ真に関係の根源語のもとにいないことになる。本来盲目的なものは憎しみである。人は存在の一部分だけを見るとき、憎むのである。存在の全体を見る人は、もはや憎悪の世界にはなく、〈なんじ〉を語ることのできる人間味のある条件の世界にいるのである。

■人は自己が所有欲と結びついていることに目覚め、それから離れることによって救われるのであって、所有欲と結合したままで神に導かれることはあり得ない。

■人は自己の生活を、神との真実の関係と、世界との偽りの関係とに巧みに使い分け、神に真摯《しんし》な祈りをささげながら、この世界を利用するといったことは不可能である。世界を利用するものと見る人は、神をも利用するものとしてしか見ないのであろう。

彼の祈りは、おのれの心の重荷を下ろす勝手な方便にすぎない。その祈りは虚空の耳へ落ちてゆく。

暗い窓のもとで夜と憧憬《どうけい》の想いから、名づけがたいものを呼び求める無神論者は、決して神なき人々ではない。

☆Martin Buber（１８７８〜１９６５）ウィーンに生まれる。少年時代、ガリチアの祖父ソロモン・ブーバーの家で育ち、のちウィーン大学、ベルリン大学などで哲学・芸術史を学んだ。１９０４年の学位論文は「クザーヌスからベーメにいたる固体化の問題の歴史について」。青年期には政治的シオニズムの潮流に抗して、ユダヤ文化のため尽力、雑誌『ユダヤ人』『世界』などの編集に力を注いだ。１９２３‐33年、フランクフルト大学で宗教学とユダヤ教倫理を講ずる。23年に主著『我と汝』を刊行。38年ドイツを去り、イスラエルに移り住む。51年までヘブライ大学で社会哲学を講じた。多くの著作のほか、旧訳聖書のドイツ語新訳も高く評価されている。（みすず書房の著者解説より引用させて頂きました）

ブーバーのどの言葉も、胸に突き刺さるような力があると思います。彼は「人は存在の一部分だけを見るとき、憎むのである」と述べています。しかし、それならば全体を見ようとするとき、大きな視野と、寛容な心が必要とされるでしょう。

どこまでも寛容な心、どこまでも人を許せる心は、どのようにしたらつくられるのでしょうか。やはり、持っているものを捨てていくしかないのでしょう。自分では正当と思っているかも知れない誇りも、プライドも、捨てていくことを神は要求しているのでしょう。

日本は高齢社会の真っ只中にあります。高齢者の力をもっと有効に使えないのだろうかと、いつも思います。

そして、利他愛という意識をすべての人が持って生きてゆくことができれば、私たちの社会はもっと健全な社会に生まれ変わると思います。

日本では、人口に対して一年間に死ぬ割合は1％弱です。しかしまた、単位時間あたりにすると、1時間に143人もの人がこの日本のどこかで死んでいます。

誰もが避けられない老い、そして死に対して、もう一度考えてみる必要があるのではないでしょうか。そして、死後の世界に目を向け、いまの自分の生き方をもう一度検証することにより、新しい生き方、考え方が生まれてくるように思います。

おわりに

人の誕生から始まり、生きて、そして死を迎え、その後の死後の世界に至るまでの中の幾つかのことを採りあげました。

私自身、こころの世界の探求をする中で、この世のすべてのことは、根底に利他愛が流れているかどうかによってふるい分けられるということを、何度も知らされました。

信念ということも、それが利他愛に裏打ちされていることによってはじめて意味を帯びてくるのだと思います。

自分の生き方、そして行為の一つひとつが、果たして「利他愛」に向けられているのか、「利己愛」に向けられているのかを、時に振り返る時間を持たれることをお勧めします。

社会的にどのような名声を得ようと、どれほどの財を築こうと、またどのような生き方をしようと、最後に自分自身でしなければならないふるい分けは、自分の語ったこと、行ったことが「利他愛」に向けられていたか、「利己愛」に向けられていたかです。

私たちは、人をだますことはできても、自分をだますことは絶対にできません。

どのような宗教を信じていようと、どのような素晴らしい理念に満ちた組織にいようと、そのことがふるい分けの時の要因として加えられることはありません。

世界を見渡しますと、平和はいつになっても来ないという絶望感にさいなまれることがたくさんあります。民族紛争、独裁と民主化の過程で流されるたくさんの血、また国内を見ても災害や、自然の猛威にさらされ、殺人やいじめなどこころ休まる日がありません。

こうした中で、私たちはあらためて、自分はどのような生き方を欲しているのか、それは本当に価値ある生き方なのかを問い直すことが必要だと思います。

「ただ生きて、ただ死んでいく」このような生き方だけは避けなければいけないと思います。それでは、生まれてきた目的を果たせないからです。

生活することも大変だと思います。順調に仕事をし、つつがない社会生活を送っている方も、明日はどうなるか分からないというのが今日の状況ではないかと思います。無縁社会という言葉が使われるようになりましたが、人と人とのつながりがますます希薄になっている現実を知らされます。

こうした社会の中で、私たちは勇気を出して温かな声をかけ合い、助け合って生きてゆくという場をひとつでも多くつくっていくことが必要だと思います。

本書をお読みくださったみなさまが、死後の世界の存在を認識され、ひとつでも多くの利他愛を実践される契機にして下さればうれしく思います。

どんなにささやかなことでもこころを込めて行えば、利他愛は必ず光り輝くはずです。

なお最後になりましたが、本書を世に出す機会を与えてくださいました、ヴォイス出版事業部の大森浩司氏、有益なアドバイス、温かな言葉を下さいました編集の中村信子氏にこころよりお礼を申したく思います。

ありがとうございました。

引用文献

①立花隆『臨死体験』上下　文藝春秋　１９９４年
②高橋信次『心の発見　神理篇』三宝出版　１９７７年
③高橋信次『心行の言霊』ＧＬＡ総合本部事務局　１９７５年
④『倫理用語集』小寺聡編　山川出版社　２００５年
⑤『パスカル　パンセⅠ』前田陽一・由木康訳　中央公論新社　２００１年
⑥道浦母都子『四十代、今の私がいちばん好き』岩波書店　１９９４年
⑦道浦母都子『風の婚』河出書房新社　１９９１年
⑧ジョエル・マーチン　パトリシア・ロマノウスキー著　糸川洋訳『WE DON'T DIE』光文社　１９９１年
⑨立花隆『宇宙からの帰還』中央公論社　１９８３年
⑩『介護保険の利用法がわかる本』樋口恵子・堀田力監修　法研　１９９８年
⑪伊藤周平『介護保険を問いなおす』筑摩書房　２００１年
⑫『言葉と力』松下たえ子編　三省堂　２００２年
⑬山形謙二『隠されたる神』キリスト新聞社　１９８９年
⑭三浦綾子『泉への招待』日本基督教団出版局　１９８３年
⑮神谷美恵子『うつわの歌』みすず書房　１９８９年
⑯The Child Who Never Grew（『母よ嘆くなかれ』法政大学出版局・伊藤隆二訳）１９９３年
⑰マルティン・ブーバー著　田口義弘訳『対話的原理１』みすず書房　１９６７年
⑱ショウペンハウエル著　斎藤信治訳『自殺について』岩波文庫　１９５２年
⑲ロマン・ロラン著　蛯原徳夫著『トルストイの生涯』岩波文庫　１９５７年
⑳キリアコス・C・マルキデス著　鈴木真佐子他訳『永遠の炎』太陽出版　２００１年
㉑『スピリチュアリズム入門』心の道場　２００８年
㉒『続スピリチュアリズム入門』心の道場　２００９年
㉓『徒然草』三木紀人訳　講談社　１９８２年
㉔斎藤隆介『花さき山』岩崎書店　１９６９年

■著者プロフィール

小早川剛太郎（こばやかわ・ごうたろう）

東京・神田神保町に生まれる。早稲田大学卒業。

政治・経済・法律・心理学・哲学・キリスト教・仏教などを学ぶ中で、スピリチュアリズムを中心とした死後の世界の存在を事実として認識するに至る。

現在、ＴＳＫ主宰。ＴＳＫでは、人間の生き方を真剣に考える幅広い層の人が集まって、懇談会や瞑想会等を行っている。

また15年以上にわたり、社会生活の中でさまざまな問題を抱える方々のカウンセリングをボランティアで行っている。

著書に、『生きる意味を求めて』（たま出版）、『一度きりの人生に』（ＶＯＩＣＥ）がある。

E-mail:gouta14@tbr.t-com.ne.jp

人は人に尽くして幸せになる

永遠の人生へ、現世を生きる　人間の道徳心「利他愛」を知る

2013年 4 月 10 日　初版発行

著　者　小早川剛太郎
装　丁　斉藤直樹（ベリーマッチデザイン）
発行者　堀　真澄
発行所　株式会社ヴォイス
〒106-0031 東京都港区西麻布 3-24-17 広瀬ビル 2F
TEL:03-3408-7473　FAX:03-5411-1939
http://www.voice-inc.co.jp/
book@voice-inc.co.jp

印刷・製本 / 藤原印刷株式会社

ISBN978-4-89976-338-3